K V S

DER KORNVERSUCHSSPEICHER IN BERLIN
Eine fotografische Langzeitstudie von
HARF ZIMMERMANN

jovis

GRUSSWORT 5
PROF. PETRA KAHLFELDT, SENATSBAUDIREKTORIN VON BERLIN

MEINE REISE AUS DER VERGANGENHEIT 7
HARF ZIMMERMANN

EINE FOTOGRAFISCHE LANGZEITSTUDIE 8
HARF ZIMMERMANN

BECHERWERKE, TRICHTERBÖDEN UND 79 GLÜHBIRNEN 109
HANS GEORG HILLER VON GAERTRINGEN

SANIERUNG UND TRANSFORMATION 125
AFF ARCHITEKTEN

DER SPRUNG INS UNGEWISSE 126
SVEN-CHRISTIAN FRANK, ADLER GROUP

IMPRESSUM/DANK **128**

GRUSSWORT
PROF. PETRA KAHLFELDT, SENATSBAUDIREKTORIN VON BERLIN

Ebenso wie die imposanten Rathäuser, Kirchen und Kulturbauten unserer Stadt gehören die prägenden Bauwerke der Industrie mit zur faszinierenden Stadtlandschaft Berlins. In ihrer technischen Ausstattung gleichen sie oftmals einer mächtigen Maschine, in ihren markanten Kubaturen und ihrem klaren architektonischen Erscheinungsbild werden sie nicht selten zur städtebaulichen Landmarke. Sie bergen wertvolle Informationen und erzählen Geschichten über die wirtschaftliche und baukulturelle Entwicklung, über wissenschaftliche Erkenntnisse, strukturelle Umbrüche und technischen Fortschritt. Sie sind deshalb bedeutungsvolle Zeugnisse der ereignisreichen Vergangenheit Berlins.

Wenige Bautypen sind so häufig von Transformationen betroffen wie die Bauten der Industrie, was ihre facettenreiche Historie zusätzlich unterstreicht. Die Bandbreite der Verwandlungen ist beträchtlich: Aus Fabriketagen entstehen Orte des Wohnens; aus Werken der Elektroindustrie werden Orte des Lernens; alte Lagerhallen verwandeln sich in Eventräume und Maschinenhallen in gastronomische Oasen. Diese Bauten der Industriekultur haben eindrucksvoll unter Beweis gestellt, dass sie ein ausgesprochenes Potenzial besitzen, um qualitätsvolle Orte zu werden, an denen Menschen zusammenkommen und Vergangenheit auf Zukunft trifft. Das Versuchs-Kornhaus, im Volksmund als Kornversuchsspeicher bekannt, ist dabei, sich in einen solchen Ort zu verwandeln.

Mitten im Neubaugebiet der Europacity, auf dem Areal östlich der Heidestraße und in der Nähe des Nordhafens, steht das siebengeschossige Ziegelgebäude am Westufer des Berlin-Spandauer-Schifffahrtskanals. Vor dem Hintergrund der heute an das Industriedenkmal angrenzenden dichten Bebauung mag es vielleicht nicht sofort ersichtlich sein, dass das Versuchs-Kornhaus sich einst in einem völlig anderen städtebaulichen Umfeld befand. Im Zeitraum von 1897 bis 1898 entstand dieses Bauwerk an der nördlichen Spitze des Hamburger-Lehrter-Güterbahnhofs in einer Umgebung, die von einer Reihe locker angeordneter Strukturen geprägt war, darunter Ringlokschuppen, Lagerhallen und Gleisanlagen. Mitte des vorvergangenen Jahrhunderts war hier der Abschlussbahnhof jener Eisenbahnlinie errichtet, die die beiden bedeutenden deutschen Städte Berlin und Hamburg miteinander verband. Das Gebäude des Hamburger Bahnhofs (heute Nationalgalerie der Gegenwart), die anschließenden Rieckhallen, der Verwaltungsbau und das Versuchs-Kornhaus stellen somit die letzten architektonischen Relikte der Berliner Bahn- und Industriegeschichte auf diesem Gelände dar. Erst kürzlich wurde erfreulicherweise der Schutzumfang des Hamburger Bahnhofs im Norden erweitert und die aus älteren und jüngeren Zeitschichten bestehenden Bauten wurden 2023 unter Denkmalschutz gestellt.

Wie viele andere historische Industriebauten birgt auch das Versuchs-Kornhaus eine faszinierende Geschichte. Als einziges seiner Art in Berlin erbaut, entstammt insbesondere der zweite Bauteil von 1910 der Frühphase der Entwicklung moderner industrieller Speicherhäuser. Der Name selbst deutet bereits darauf hin, dass es sich um einen Experimentierbau handelte, der dazu diente, verschiedene Lager- und Trocknungsmethoden zu erproben, um die wachsende Bevölkerung Preußens mit heimischem Getreide zu versorgen. Zwischenzeitlich in unmittelbarer Nähe zur Berliner Mauer gelegen, findet sich das Versuchs-Kornhaus heute in einem gänzlich neuen städtebaulichen Kontext wieder und fungiert durch seine Höhe und Ziegelfarbigkeit als identitätsstiftende Landmarke. Aufgrund dieser ortsbildprägenden Stellung, aber auch seiner geschichtlichen und wissenschaftlichen Bedeutung ist das Versuchs-Kornhaus seit den 1990er Jahren Bestandteil der Berliner Denkmalliste.

Dieses wertvolle Zeugnis der Berliner Industriekultur wird nun für kommende Generationen bewahrt und nach langjährigem Leerstand wieder zugänglich gemacht. In den vergangenen Jahren wurde der Kornversuchsspeicher umgebaut und erweitert, um ihn in einen lebendigen Ort für Co-Working, Gastronomie und Veranstaltungen zu verwandeln. Die Bewahrung der ursprünglichen Schüttböden verleiht den Räumlichkeiten eine einzigartige Atmosphäre und macht dabei die frühere Funktion dieses Speicherbaus ablesbar. Besonders beeindruckend ist die Ziegelfassade, in der die kleinen Fensteröffnungen und die Überreste der Entladevorrichtung die vergangene Nutzung offenbaren. Solche Spuren tragen maßgeblich dazu bei, den industriellen Charakter und die Geschichte des Denkmals für kommende Generationen nachhaltig zu bewahren und sichtbar zu machen.

Der Verlust der übrigen Bauten des ehemaligen Güterbahnhofs ist zu bedauern. Umso bedeutungsvoller wird es, aus einem der letzten erhaltenen Zeugnisse dieser historischen Periode einen lebendigen Baustein für die Stadt zu formen. Ich bin überzeugt, dass dieses einzigartige, geschichtsträchtige Bauwerk eine große Bereicherung für das neue Stadtquartier darstellt und das Potenzial hat, zum Wahrzeichen des Gebiets zu werden.

Blick durch die Europacity auf den fertiggestellten Kornversuchsspeicher

MEINE REISE AUS DER VERGANGENHEIT
HARF ZIMMERMANN

Die Hüllen sind gefallen und zum ersten Mal in seinem Leben sieht es nicht aus wie ein Zweckbau, sondern feiert sein Comeback als Schönheit: Das einstige Versuchs-Kornhaus, heute bekannt als Kornversuchsspeicher. Höher als alles um ihn herum, hatte er sich wie nackt über Lagerhallen, Kleingärten, Schuppen und Buden aus allen Jahrzehnten erhoben, zwischen den Gleisanlagen, deren Zweck sich erübrigt hatte, und dem Kanal, der einst den Eisernen Vorhang markiert hatte und auf dem schon wieder Ausflugsdampfer fuhren. Noch fast drei Jahrzehnte nach dem Fall der Mauer hatte er so dagestanden wie eine zuerst verschobene, dann verdrängte und schließlich für ewig vergessene, aber immer noch unerledigte Aufgabe. Dem Betrachter, vom Wedding kommend und in Richtung Süden fahrend, hatte sich auf plattem Land eine höchst merkwürdige Skyline geboten: vorn der Kornversuchsspeicher, am anderen Ufer ein Wachturm der Berliner Mauer, der Schornstein des Heizkraftwerks, das Bettenhaus der Charité, ganz hinten der Fernsehturm, und dazwischen gefühlt nichts, zumindest nicht viel unter dem hohen Berliner Himmel. Dieses Foto hätte an den Anfang meiner Geschichte gehört, aber ich habe es nie gemacht, nur immer gesehen und es wieder und wieder verschoben. Außer, dass die Mauer jetzt weg war, schien sich die Stadt an dieser Stelle lange erst einmal nicht zu verändern, andere Orte brauchten mich da dringender. Bis auch ich es vergessen hatte und sich dann mit einem Mal alles änderte.

Im Jahr 2009, zum zwanzigjährigen Jubiläum des Mauerfalls, hatte ein Werbetexter aus der Schweiz an das von ihm erworbene Mietshaus im Osten der Stadt schreiben lassen: „Dieses Haus stand früher in einem anderen Land". Man fragt sich, wie kann sich ein Haus bewegt haben, aber man versteht im selben Moment: Es steht, wo es immer stand, nur das Land ringsherum hat sich verändert, es ist jetzt ein anderes. Mit dem Kornversuchsspeicher ist dies noch viel mehr so, denn um ihn ist von all dem Zusammengewürfelten, was die Geschichte von Krieg und Teilung hinterlassen hatte, absolut nichts mehr übrig. Alles ist nagelneu, soeben hingestellt, wie auf einem Stadtmodell. Wohnhäuser, Cafés, Geschäfte, Bürohäuser, supermodern und dicht beieinander. Anders als bei dem Mietshaus im Osten, das schon immer in einer belebten Straße mit viel Volk stand, sind hier alle Zeitschichten einmal komplett abgeräumt worden, und die Größenordnung ist gewaltig. Vergleicht man das Volumen der ringsherum aus dem Boden geschossenen Europacity, ist der Kornversuchsspeicher eher eine Fußnote. Nimmt man aber stattdessen den Aufwand, der für den Bau des ganzen Quartiers nötig war, und den für die Auferstehung des kleinen historischen Speichers, schließt jener sicher ganz gut auf. Wer einmal in seiner Gründerzeitwohnung mit Leichtigkeit ein einzelnes Stück verzierter Decke freigelegt hat, um sich danach frohgemut das Ganze vorzunehmen, kennt das Gefühl: Hätte ich es bloß nicht angefangen. Gut möglich, dass ein ähnlicher Gedanke sich hin und wieder den Bauherren in ihren Schlaf geschlichen hat. In den fünf Jahren Umbauzeit, deren Zeuge ich war, glich die Baustelle mal einer historischen Ausgrabungsstätte, mal einem Neubau, meist beidem zugleich, und es schien mir ein ums andere Mal alles andere als gewiss, dass alles gut werden würde für den alten Kornspeicher.

Aber jetzt ist er wieder da, schöner als je zuvor, und er entpuppt sich als das Juwel des Quartiers, mit dem zusammen er die Bühne betreten hat. Im selben Land, mit einer gemeinsamen Stunde Null und neuer Zeitrechnung. Ich wünsche ihm Glück!

Berlin, November 2023

EINE FOTOGRAFISCHE LANGZEITSTUDIE
HARF ZIMMERMANN

Der Kornversuchsspeicher am Berlin-Spandauer Schifffahrtskanal vor Beginn des Umbaus. Links das eingeschossige Kesselhaus, in der Mitte das Hauptgebäude, beides erbaut 1897/98, rechts der Erweiterungsbau von 1910. Im Hintergrund die Kräne der Europacity

Hauptgebäude und Erweiterungsbau, Mai 2018

Hauptgebäude (links) und Erweiterungsbau (rechts): ehemalige Arbeitshalle im Erdgeschoss

Erweiterungsbau: das „Rote Zimmer" (Partybemalung der 2000er Jahre)

Erweiterungsbau: erste Untersuchungen zum Bauzustand, Januar 2018

Blick entlang des Berlin-Spandauer Schifffahrtskanals Richtung
Hauptbahnhof und Regierungsviertel

Kesselhaus und Hauptgebäude: Ansicht von Süden, August 2018

Hauptgebäude: die historischen Fenster, Mai 2019

Hauptgebäude: Westfassade, dahinter die wachsende Europacity, August 2018

Hauptgebäude: 3. Obergeschoss, mit dem Schacht des ausgebauten Lastenaufzugs und der letzten in Teilen erhaltenen Wendelrutsche, Mai 2019

Hauptgebäude: Fragmente der letzten Wendelrutsche, Januar 2019/Mai 2019

Neuaufstellung der Wendelrutsche, 2021/2022/2023

Hauptgebäude, Juni 2021

Kesselhaus: April 2019 (links) und April 2020 (rechts)

Erweiterungsbau: Die Außenwände haben sich auf drei Seiten als nicht mehr tragfähig erwiesen.
Nach deren Rückbau müssen die Trichterdecken in allen Etagen provisorisch abgestützt werden, April 2020

Hauptgebäude: freigelegte Fundamente, Juni 2020

Hauptgebäude: Ertüchtigung aller Decken und des Tragwerks mit Beton, Februar 2019

Hauptgebäude und Erweiterungsbau: Einschnitt für die neue zentrale Erschließungsachse (Treppenhaus und Aufzug), Februar 2021

Querachse des aufgeschnittenen Hauptgebäudes, Februar 2021

Hauptgebäude: Ost-West-Achse der ehemaligen Arbeitshalle im Erdgeschoss, 2018/April 2022/Juni 2022/2023

Die Baustelle im Februar 2021

Blick vom Nordhafen Richtung Süden, auf die erneuerte Nordwestfassade und den Rohbau der aufgestockten Etage, Dezember 2021

Kesselhaus: Längsachse, April 2020/Juni 2020/2023

Kesselhaus: Wasserseite, Januar 2018/August 2018/2021/2023

Kesselhaus: Querachse, Blick Richtung Heidestraße, Februar 2023

Erweiterungsbau: Eingangsbereich im Erdgeschoss, 2018–2023
Nachfolgende Doppelseite:
Erweiterungsbau: sanierte Decke mit Leuchten in den ehemaligen Getreidetrichtern, Juli 2023

Erweiterungsbau: Eingangsbereich im Erdgeschoss, 2018/2023 (linke Seite) und 2020/2023 (rechte Seite)

Erweiterungsbau: das „Rote Zimmer" und der Raumverbund aus 3. und 4. Obergeschoss, 2018/2019/2021/2022

Erweiterungsbau: Raumverbund aus 2. und 3. Obergeschoss, Februar 2021

Erweiterungsbau: Einbau der Galerie in den neu entstandenen Raumverbund aus 1. und 2. Obergeschoss, Oktober 2021

Erweiterungsbau: Öffnung der Außenwand Richtung Westen, 2018/2019/2023

Hauptgebäude: Sichtbetonwand mit Fenster zum neuen Treppenhaus, rechts die Öffnung für den Aufzug, Juni 2021

Hauptgebäude: Blick in das noch offene Treppenhaus im 5. Obergeschoss vor der Aufstockung, Juli 2021

Erweiterungsbau: 5. Obergeschoss, Längsachse Richtung Norden, 2018/2019/Februar 2021/April 2021/Juni 2021/2023

Hauptgebäude: 5. Obergeschoss, Längsachse Richtung Norden, 2018/2019/Februar 2021/März 2021/Juni 2021/2023

Erweiterungsbau: 5. Obergeschoss, Öffnung der Fassade Richtung Westen, 2018/2019/2023

Hauptgebäude: Wiederherstellung der historischen Öffnungen und der Laderampe als barrierefreier Zugang, 2018/2023

Erweiterungsbau: Rekonstruktion des Nordgiebels mit Aufstockung, Fensteröffnungen und Balkonen, 2018/2023

Kesselhaus und Hauptgebäude, 2018/2019/2020/2023

Hauptgebäude: rekonstruierte Südfassade (Ausschnitt), Juli 2023

Blick durch die heutige Hedwig-Porschütz-Straße, 2018/2023

Westfassade, Juli 2023

Neues Treppenhaus mit historischer Ziegelwand, Juli 2023

Hauptgebäude: Blick durch das Erdgeschoss Richtung Osten, Juli 2023

Hauptgebäude: fertiggestellte Räume, Februar 2023

Hauptgebäude und Erweiterungsbau: Verbindungsgang, Februar 2023

Erweiterungsbau: Aufgang zur Galerieebene zwischen 1. und 2. Obergeschoss, Februar 2023

Erweiterungsbau: 1. Obergeschoss, Februar 2023

Erweiterungsbau: 3. Obergeschoss, September 2023

Nach der Europacity ist auch der Kornversuchsspeicher fertig:
Blick vom Berlin-Spandauer Schifffahrtskanal.

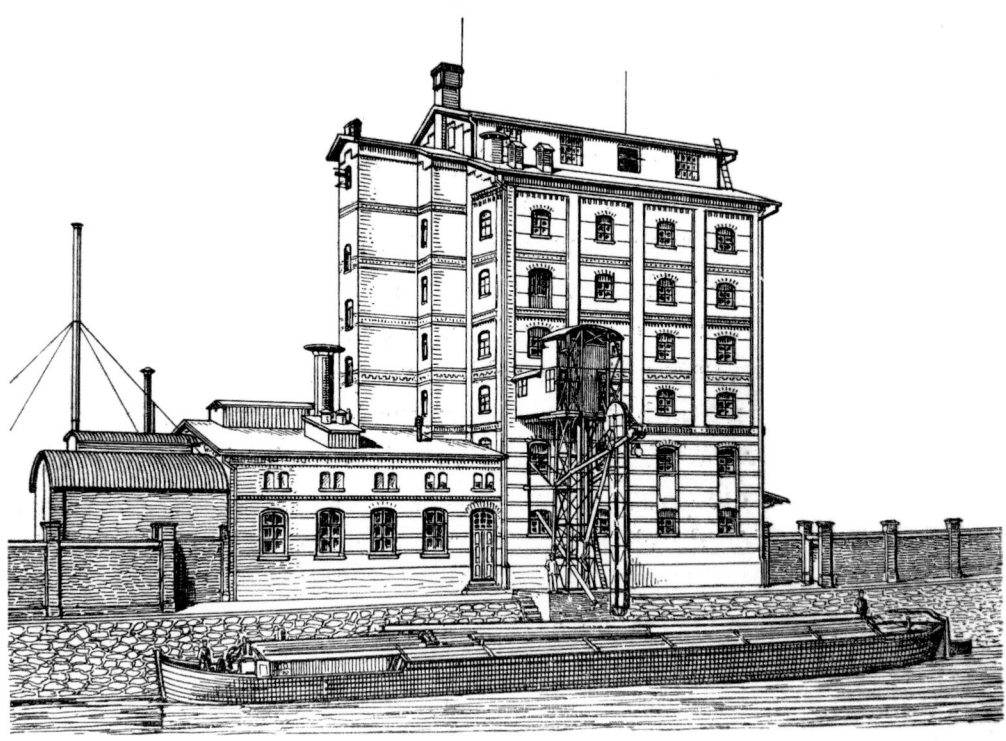

Abb. 1
Ursprungsbau von 1897/98,
Ansicht von der Wasserseite

Abb. 3
Max Delbrück, treibende Kraft bei der
Gründung der Anstalt

Abb. 2
Chemiker Dr. Friedrich Hoffmann,
erster Leiter des Versuchs-Kornhauses

BECHERWERKE, TRICHTERBÖDEN UND 79 GLÜHBIRNEN
EINE GESCHICHTE DES VERSUCHS-KORNHAUSES AUF DEM HAMBURGER BAHNHOF 1898–2018
HANS GEORG HILLER VON GAERTRINGEN

TIEFDRUCKGEBIETE

„In Deutschland, besonders in der norddeutschen Tiefebene, verregnet jährlich ein großer Teil der Ernte, ein anderer Teil gibt feuchtes Getreide."[1] Mit diesen Worten beschreibt der erste Vorsteher des Versuchs-Kornhauses (Abb. 1), Dr. Friedrich Hoffmann (Abb. 2), 1904 ein zentrales Problem der deutschen Landwirte. Der viele Regen hatte massive Folgen für ihre Abnehmer, die das Korn weiterverarbeiteten, und nicht zuletzt für die Wirtschaftskraft des damaligen Kaiserreichs. Auf den weiten Feldern Brandenburgs, des Münsterlandes oder Pommerns waren die Erträge im Verhältnis zu gering und das Geerntete von zu geringer Qualität. Korn, das feucht vom Feld kommt, ist schnell minderwertiges Korn – anfällig für Schimmel, ergo ungesund, ergo nicht konkurrenzfähig. Denn mit der Entwicklung des internationalen Schifffrachtverkehrs, dem Bau von Eisenbahnlinien und dem Abbau der Einfuhrzölle war eine Revolution in Gang gekommen: Getreide wurde transportabel, auch in großen Mengen. Nun kam Korn aus dem Ausland nach Deutschland, oft in besserer Qualität, aus Ländern wie den USA und dem Russischen Reich mit schwindelerregend großen Feldern, teils viel besserem Wetter und riesigen Exportkapazitäten. Die Folge von steigendem Angebot und Konkurrenzdruck war ein Preisverfall. Parallel stieg allerdings in Deutschland die Nachfrage, denn die Bevölkerung wuchs in rasantem Tempo – allein in den beiden letzten Jahrzehnten des 19. Jahrhunderts kamen elf Millionen Brotesser hinzu.[2] Um die deutschen Landwirte – trotz der Industrialisierung immer noch ein Drittel der Bevölkerung – zu unterstützen, wurden unter Reichskanzler Otto von Bismarck die Einfuhrzölle heraufgesetzt. Damit stieg der Druck, im eigenen Land mehr zu produzieren. Da neue Flächen kaum noch zur Verfügung standen und auf dem Feld eine Steigerung der Produktion ebenfalls kaum zu erreichen war, musste man an der dritten denkbaren Stellschraube ansetzen – der besseren Sicherung und Verwertung des vorhandenen Ertrags. Optimal behandeln, das heißt trocknen und optimal einlagern, das heißt sicher vor erneuter Feuchtigkeit und vor Schädlingen. In einem solchen Plan kam den Speichergebäuden zentrale Bedeutung zu. Aber schon stand man vor dem nächsten Problem: „Der landwirthschaftliche Speicherbau hat in Europa mit den Verkehrsbedürfnissen keinen Schritt gehalten, und so fand man plötzlich, daß die Technik des Baues unentwickelt geblieben sei."[3] Man wusste schlicht nicht, wie Speicher am sinnvollsten zu bauen und mit welchen Gerätschaften sie effizient auszustatten seien. Man wusste auch nicht, wie feuchtes Getreide, vor allem in großen Mengen, zu trocknen sei.

ES GÄRT. DIE EPOCHE DER VERSUCHSANSTALTEN

Die zweite Hälfte des 19. Jahrhunderts war in Deutschland eine Zeit der Forscher, Tüftler und Erfinder. Und Berlin war ein Zentrum dieser Bewegung. Ein beliebtes Mittel, um wissenschaftliche Probleme und Fragestellungen anzugehen, waren sogenannte Versuchsanstalten. Allein im Bereich der Gärungswissenschaft gab es eine Vielzahl solcher Einrichtungen, besonders in der Reichshauptstadt Berlin und in München. Eine besonders umtriebige Forscherpersönlichkeit war der junge Lebensmittelchemiker Max Delbrück (1850–1919, Abb. 3), der 1874, gerade einmal 24 Jahre alt, die erste Versuchsanstalt gründete – und zwar „für das Brennereigewerbe", also für die Verbesserung der Produktion von Industriealkohol und Schnaps. Es folgten viele weitere Versuchsanstalten, etwa für Bier (1883), Stärke (ebenfalls 1883), Hefe (1896) und Essig (1897). Der Impuls zur Gründung all dieser Institutionen kam aus den sogenannten Gärungsgewerben. Das waren all jene Wirtschaftsunternehmen, deren Produktion auf den Möglichkeiten der alkoholischen Gärung fußte: Bierbrauer, Winzer, Trinkbranntwein- und Essighersteller sowie Stärke- und Hefeproduzenten. Sowohl in der Landwirtschaft als auch in der Lebensmittelproduktion dominierten zu jener Zeit kleine und mittelgroße Betriebe – Bauern betrieben nebenher Branntweinbrennereien, auch Bier wurde hauptsächlich in Kleinbrauereien hergestellt. So klein die Betriebe sein mochten, so groß war ihre gesamtwirtschaftliche Bedeutung – allein schon Bier wurde 1910 in Deutschland im Wert von 1 Milliarde Mark gebraut. Das entsprach dem Wert der im selben Jahr im Ruhrpott und in Oberschlesien geförderten Steinkohle.[4] Doch waren die Gärungsgewerbe in ihren Methoden, Rezepturen und Verfahren allzu lang von Überlieferung, Tradition, Hörensagen und auch Aberglauben geprägt gewesen. Nun, in Zeiten der Industrialisierung, schlossen sie sich zu Berufsverbänden zusammen, und diese Verbände waren es, von denen der Trend ausging, das eigene Tun auf ein wissenschaftliches Fundament zu stellen. Es sollte geforscht werden, aber nicht als Selbstzweck, sondern angewandt, sodass die Ergebnisse der Forschung die eigenen Produkte qualitativ besser und zugleich preiswerter und konkurrenzfähiger machen würden.

Viele von ihnen stützten sich auf das Rohmaterial Getreide – Bierbrauer auf die Gerste, Schnapshersteller auf Roggen und Weizen, Hefeproduzenten (und damit auch die Bäcker) auf die Bierhefe, die ohne das Ausgangsmaterial Gerste nicht entstehen konnte.

Nun kann man sich fragen, warum die Forschung zum Thema Gärung, einem Thema, das also für die Ernährung einer schnell wachsenden Bevölkerung von vitalstem Interesse war, in den Händen der Produzenten lag. Interessierten sich die Naturwissenschaftler in den Universitäten nicht dafür? Warum wurde nicht dort die Grundlagenforschung betrieben, um mehr und besseres Bier brauen zu können, backfähigere Hefen zu entwickeln usw.? Der Grund ist kurios – in der zweiten Hälfte des 19. Jahrhunderts war umstritten, ob Gärung nur mit lebenden Hefezellen oder auch ohne deren Mitwirkung möglich sei. Die Folge dieses naturwissenschaftlichen Streits war, dass unklar blieb, ob Gärung nun eigentlich ein Thema für *Biologen* oder für *Chemiker* sei – und so fühlte sich niemand richtig zuständig. Erst nachdem der Disput schließlich zugunsten der Chemie entschieden war (Gärung ist auch ohne lebende Organismen möglich), begann um 1900 auch die universitäre Forschung dazu.

DAS PREUSSISCHE KORNHAUS-PROGRAMM VON 1896

In den Jahren 1896 und 1897 gab der preußische Staat fünf Millionen – nach damaligen Maßstäben eine ordentliche Summe – für den Bau von über 30 Kornhäusern und flankierend dazu für den Bau von Kleinbahnlinien bis in die hintersten Winkel von Pommern, Brandenburg und Schlesien aus.[5] Der Zweck dieses Etats, des sogenannten Kornhausfonds, war es, die Bauern besser an den nationalen und internationalen Markt anzuschließen. Statt nur die lokale Mühle im Nachbarort beliefern zu können, sollten die Kornhäuser als Lager und Umschlagplätze an Bahnhöfen zur Verfügung stehen. Die von Genossenschaften betriebenen Häuser, so die Idee, sollten die Möglichkeit bieten, das Korn solange zu lagern, bis genug davon eingespeichert und zudem der Marktpreis günstig war.[6] Damit stellten sich weiterhin die dringlichen Fragen, in welcher Art und Weise solche Kornhäuser zu bauen seien und welche Möglichkeiten es gäbe, das feuchte deutsche Korn darin zu trocknen. Weitere Fragen waren, ob große Silos in den Kornhäusern, wie sie in den USA bereits gang und gäbe waren, auch in Deutschland die Zukunft waren, oder ob man bei den traditionellen Schüttböden bleiben solle.

PROJEKT VERSUCHS-KORNHAUS

Wer die Idee hatte, die Kornhaus-Fragen durch eine weitere Versuchsanstalt bearbeiten zu lassen, geht aus der Literatur nicht klar hervor. Eine Rolle spielten der bereits genannte Max Delbrück, der über reiche Erfahrungen im Betrieb solcher Versuchsanstalten verfügte, das Landwirtschaftsministerium als Geldgeber und Initiator des Kornhaus-Programms, vertreten durch den äußerst aktiven Ministerialdirektor Hugo Thiel (1839–1918)[7] und die Eisenbahnverwaltung in Person des für die Kleinbahnen zuständigen Ingenieurs Wilhelm Bork (1843–1906).[8] Auffällig ist in den Schriften aus der Gründungszeit die Zurückhaltung bei der Nennung eines Architekten. Eisenbahner Bork schrieb hierzu nur knapp: „Die baulichen Arbeiten wurden ausgeführt von der Firma Hermann Streubel." Auf den Bauunterlagen ist jedoch durchaus der Name eines Architekten zu finden: Georg Gestrich.[9] Dieser arbeitete für die Firma Streubel und übernahm sie wenig später sogar als Chef. Doch scheint Gestrichs Aufgabe weniger der Entwurf als vielmehr die Umsetzung der konzeptionellen Ideen von Thiel, Bork und Delbrück gewesen zu sein. Aus Delbrücks bestehender Versuchsanstalt für Brauerei kam der zukünftige Leiter des Versuchs-Kornhauses, Dr. Friedrich Hoffmann, der sicher ebenfalls an der Planung und Ausführung des Baues beteiligt war, da er von Anfang an zu dessen Gestaltung Aufsätze veröffentlichte.[10]

Der Standort (Abb. 4 und 5) war gezielt ausgewählt worden. Er war „günstig in Bezug auf Einlade- und Ausladeverhältnisse, weil auf der einen Seite des Gebäudes […] der Berlin-Spandauer Schifffahrtskanal mit einer neuerbauten zum Hause gehörigen Hafenanlage für drei Kähne vorhanden ist, während auf der gegenüberliegenden Seite des Hauses ein Schienenstrang der Hamburger Bahn bis direkt an die Rampe des Kornhauses geht"[11].

Das Versuchs-Kornhaus wurde in sehr zügigem Tempo fertiggestellt, von November 1897 bis Juli 1898. Die Übergabe an die beiden Trägervereine erfolgte am 31. August 1898. Dies waren zum einen der unter Delbrücks Leitung stehende „Verein der Spiritus-Fabrikanten in Deutschland", zum anderen die „Versuchs- und Lehranstalt für Brauerei".

Abb. 4
Ansichtskarte um 1900, Blick vom Nordhafen, noch ohne den zweiten Bauteil

Abb. 5
Das Versuchs-Kornhaus wurde bewusst an Schiene, Straße und Kanal gebaut.

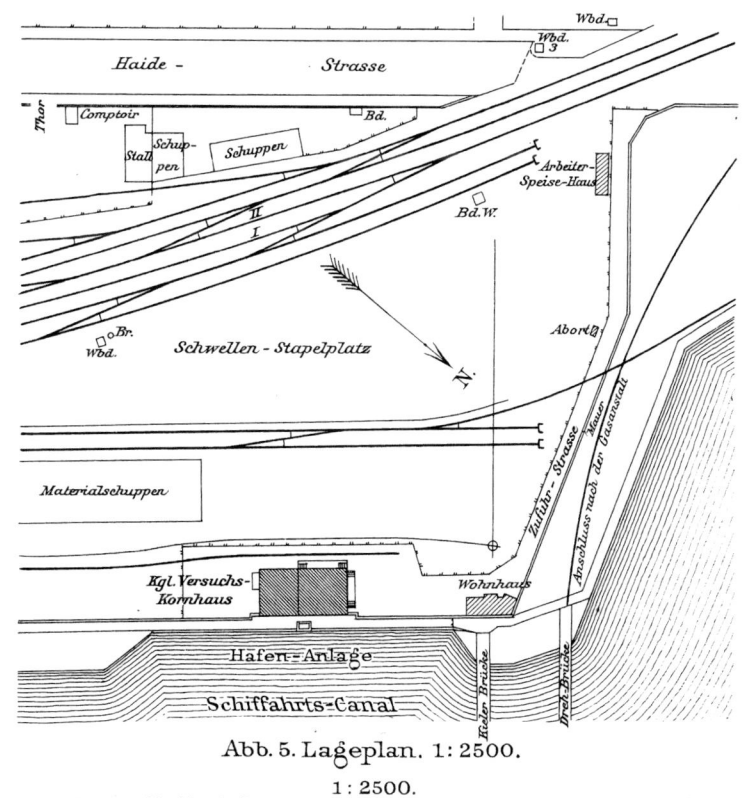

Abb. 5. Lageplan. 1:2500.

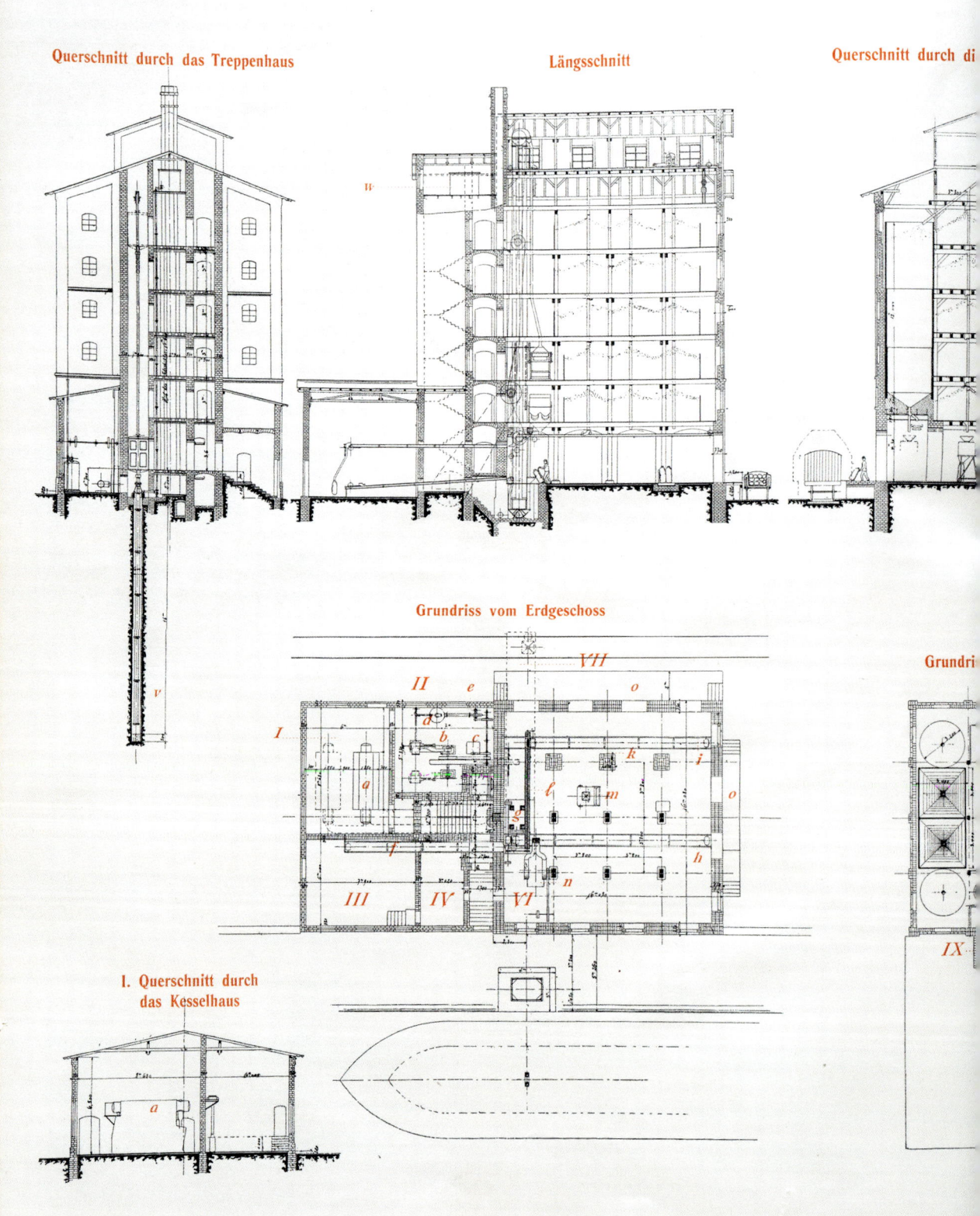

Abb. 6
Detaillierte Planzeichnungen, publiziert 1898

...fen zu Berlin.

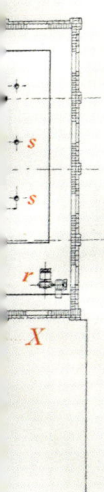

und Silos

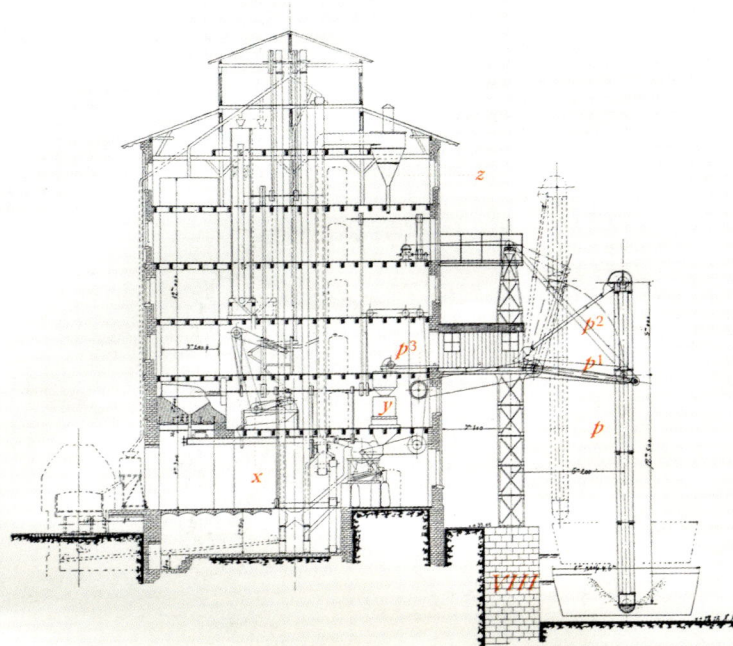

Querschnitt durch Putzerei und Schiffselevator

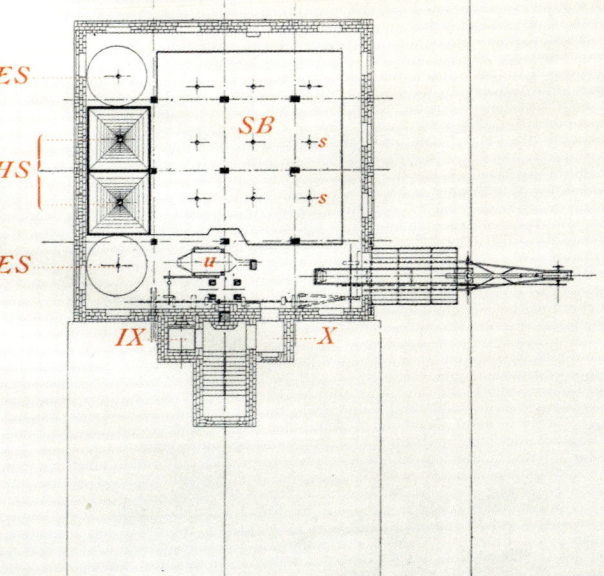

...rgeschoss   Grundriss vom 2. Obergeschoss

I Kesselraum
    a Dampfkessel

II Maschinenraum
    b Dampfmaschine
    c Dynamomaschine
    d Rippen-Heizkörper
    e Ventilator

III Versuchs-Trockenraum
    f Versuchsband

IV Laboratorium

V Treppenhaus

VI Arbeitshalle
    g Innere Becherwerke
    h Grosses Band
    i Siloband
    k Gemauerte Pfeiler
    l Förderschnecke
    m Fahrbare automatische Absackwaage
    n Vorputzmaschine
    o o Rampen

VII Kanal, tiefer als das Erdgeschoss

VIII Fundament und Gerüst f. d. Schiffsbecherwerk
    p Schiffsbecherwerk
    p_1 Auslegearm desselben
    p_2 Telescoprohr "
    p_3 Förderband "

IX Hydraulischer Personenaufzug

X Vorflure zu den Speicherräumlichkeiten
    q q Eiserne selbstschliessende Thüren

HS Hölzerne Silos
    r Mechanische Winde zum Heben des Schiffsbecherwerks

ES Eiserne Silos

TrS Trocken-Silos
    s s Fallrohre

SB Schüttböden
    u Nachreinigungsmaschine
    v Brunnenrohr des Aufzugs
    w Wasserkasten für den Aufzug
    x Trieur
    y Automatische Becherwerks-Waage
    z Cyclon

Verlagsbuchhandlung Paul Parey in Berlin SW., Hedemannstrasse 10.

EIN RUNDGANG DURCH DEN URSPRUNGSBAU VON 1897/98

Der 1897/98 errichtete, siebengeschossige rote Backsteinbau hatte eine Höhe von 26,5 Metern. Mit historisierender Gesimsgliederung und flachbogigen Fenstern muss das Gebäude mit seinem quadratischen Grundriss von 16 × 16 Metern ursprünglich fast wie ein breiter Turm gewirkt haben.

Der Anbau

Im Süden gab es von Anfang an den niedrigen, eingeschossigen Anbau: Von der Grundfläche war er fast ebenso groß wie der Hauptbau (13,8 × 15,8 Meter), aber lediglich 6,7 Meter hoch. Er war, wie detaillierte, kurz nach der Fertigstellung veröffentlichte Pläne des Versuchs-Kornhauses (Abb. 6) zeigen, in vier Räume unterteilt: In der Südwestecke lag der Kesselraum (I), in dem ein großer Dampfkessel (a) der Gummersbacher Firma Steinmüller (Abb. 7) im Boden eingemauert war.[12] Da man bereits von Anfang an eine mögliche Erweiterung des Kornhauses im Blick hatte, war daneben Platz für einen zweiten Kessel gelassen worden. Der Kessel versorgte die im angrenzenden Maschinenraum (II) aufgestellte einzylindrige Dampfmaschine (b), die 24 Pferdestärken besaß – ein Erzeugnis der Maschinenfabrik Dinglinger in Magdeburg (Abb. 10). Sie war das Kraftzentrum des gesamten Kornhauses mit Verbindung in alle Stockwerke, besaß sie doch ein 2,6 Meter großes Schwungrad, das per Transmission alle Förderbänder und Becherwerke im Gebäude antrieb. Die damals neue Energiequelle der Elektrizität spielte noch eine untergeordnete Rolle: Immerhin gab es im Dampfmaschinenraum auch eine Dynamomaschine der Berliner Firma Siemens & Halske (c), die den Strom für zwei Bogenlampen außen und für insgesamt 79 Glühbirnen im Gebäude erzeugte. Auf der anderen Seite des Anbaus, der Wasserseite, lagen der Versuchstrockenraum (III) und ein Laboratorium (IV), in dem ein vom Siemens-Dynamo gespeister Elektromotor stand, um vor Ort Versuche durchführen zu können. Bewusst waren im Anbau auch das Treppenhaus (V) und der Fahrstuhlschacht (IX) untergebracht. So konnten die Etagen des Kornhauses von allen Einbauten freigehalten werden.

Das Hauptgebäude

Das Hauptgebäude bestand aus der hohen Arbeitshalle im Erdgeschoss, darüber fünf etwas niedrigeren Speicheretagen, sodann einem Zwischenboden und schließlich dem Verteilungsboden unterm Dach. Die gesamte Struktur war darauf ausgerichtet, die Hauptfunktionen des Ein- und des Ausspeicherns optimal zu ermöglichen. Insgesamt konnte das Kornhaus 1100 Tonnen Getreide aufnehmen. Beim Einspeichern konnte das Getreide mit drei Verkehrsmitteln, die den drei offenen Seiten des Gebäudes zugeordnet waren, ins Kornhaus gelangen. Kam es im Güterwaggon auf der „Landseite" – also im Westen des Gebäudes – an wurde es in loser Form nach unten abgelassen, dann durch einen unterirdischen Gang mit einem Förderband unter die Arbeitshalle transportiert und dort von einem Becherwerk aufgenommen und in den 7. Stock geschafft. Lag es in Säcken im Güterwaggon, wurden diese über eine Außenrampe in die Arbeitshalle im Erdgeschoss gebracht. Die Zufahrt für Pferdefuhrwerke lag im Norden, wo die Säcke ebenfalls über eine Rampe in die Arbeitshalle gebracht werden konnten. Am avanciertesten war die Einspeicherung vom Berlin-Spandauer Schifffahrtskanal. Hier konnten die größten Mengen aufgenommen werden: Am Kanalufer stand auf einem massiven gemauerten Sockel (VIII) ein eisernes Gerüst (Abb. 8). Daran war ein 17,5 Meter hohes, manövrierbares Becherwerk (p) befestigt, das mittels Auslegearm (p_1) manövriert werden und so direkt in den Kahn gestellt werden konnte. Es beförderte das lose Korn auf die Höhe des 3. Obergeschosses. Von dort wurde es durch ein schräges Teleskoprohr (p_2) auf ein Förderband (p_3) geschüttet. Dieses verschwand in einem aus dem Gebäude herausragenden, überdachten und mit Wellblech verkleideten Häuschen. Hier gelangte das Korn ins Innere. Dort fiel es durch einen Trichter hinunter auf die automatische Empfangswaage im 1. Obergeschoss, ein Modell vom Typ „Chronos" (y) der Hennefer Maschinenfabrik Reuther und Reisert (Abb. 9). Von dieser Waage ging es zunächst weiter nach unten, in die Arbeitshalle im Erdgeschoss. Hier stand eine Vorputzmaschine (n), von der ging es weiter in zwei 27 Meter hohe Haupt- oder Innenbecherwerke (g), die es ebenfalls zum Verteilungsboden im 7. Stock transportierten.

Abb. 7
Der Steinmüller-Kessel zur Versorgung der Dampfmaschine stand im Kesselhaus.

Abb. 8
Der fertiggestellte erste Bauteil am Kanal mit dem Becherwerk zum Transport des Korns vom Schiff ins Gebäude, um 1900

Abb. 10
Dampfmaschine, wie sie im Kesselhaus stand

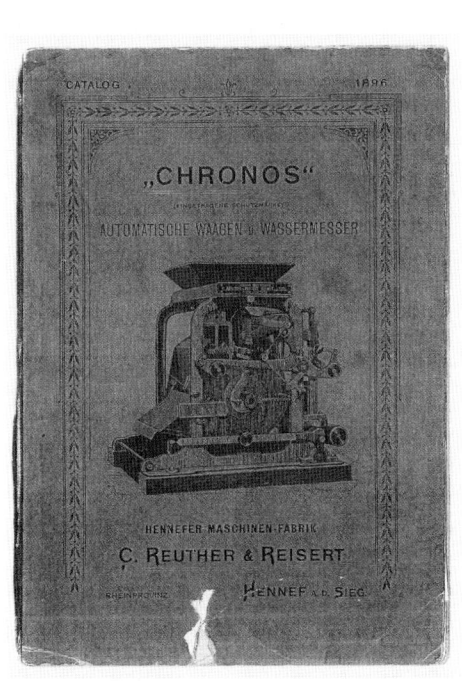

Abb. 9
Die Waage vom Typ „Chronos" zum Abwiegen des Korns stand im 1. OG.

Die Arbeitshalle im Erdgeschoss

Die 210 Quadratmeter große Arbeitshalle (VI) unterschied sich von allen anderen Räumen im Gebäude. Als einziger Raum besaß sie einen Zementboden, auch war sie etwas höher. Ihre Decke wurde von hölzernen Pfeilern gestützt. Als Alternative hatte man zunächst gusseiserne Stützen erwogen (Betonpfeiler waren 1898 noch nicht üblich). Doch hatten die Erbauer Angst vor Bränden und deren Auswirkungen auf das Material Gusseisen – wie man zu jener Zeit mit Schrecken feststellte, beginnen Eisenpfeiler im Feuer zu glühen und verziehen sich. Durch Kontakt mit dem Löschwasser können sie sogar zerstört werden. Zwar brennt Holz bekanntermaßen auch, aber der unverbrannte Kern stützt das Gebäude weiterhin und wird durch Wasser nicht beschädigt. Die Lasten, die auf die Arbeitshalle wirkten, waren erheblich, insbesondere auf der Westseite: Dort waren in den darübergelegenen Etagen vier Silos nebeneinander eingebaut, die, wenn sie gefüllt waren, 300 Tonnen auf vier Punkte auflasten ließen. Deshalb standen auf dieser Seite drei breite gemauerte Pfeiler (k). Inmitten der Arbeitshalle stand noch eine weitere Waage, eine sogenannte „Absackwaage" (m) zur Abfüllung einer vordefinierten Menge in Säcke für das Ausspeichern. Sie war wie die Chronos-Waage im 1. Obergeschoss ein Produkt der Hennefer Maschinenfabrik von Reuther und Reisert. Mitten durch die Arbeitshalle liefen zwei Transportbänder – das „Große Band" (h) und das „Siloband" (i). An deren Ende wurde das lose Korn von einer Förderschnecke (l) aufgenommen und damit zu den beiden Becherwerken (g) an der Südwand transportiert. Sie verschafften das Getreide bis ganz nach oben unters Dach.

Der Verteilungsboden im 7. Obergeschoss

Wie alle Kornhäuser war auch das Versuchs-Kornhaus nicht von unten nach oben, sondern von oben nach unten organisiert. Der sogenannte Verteilungsboden war in einem auf dem Dach aufgesetzten, kleineren Geschoss mit großen Fenstern untergebracht. Ein Foto von 1898 zeigt den Raum (Abb. 11).[13] Auf einem Gleis steht eine fahrbare Lore für das ankommende Getreide. Der Arbeiter hat das Auslassrohr des Behälters mit einem Stutzen an eines der schräg aus dem Boden aufragenden Fallrohre angeschlossen. Durch diese Fallrohre wird das Korn – abgestoppt durch eine Klappe im jeweils gewünschten Stockwerk – in die Schüttböden in den Stockwerken 1–5 befördert. Die Silos wurden hingegen über direkt vom Becherwerk abgehende Rohre beschickt. Ein wichtiges Thema war auch die Kommunikation zwischen den Stockwerken: Sie funktionierte über „Sprachrohre" und eine „elektrische Glockenanlage".[14]

Die Speicheretagen (1.-5. Obergeschoss)

Entsprechend seiner Funktion als Versuchsanstalt besaß das Kornhaus zwei verschiedene Einlagerungssysteme – dies waren zum einen die Schüttböden, zum anderen die durch mehrere Geschosse gesteckten Silos. Absichtlich waren beide Systeme parallel angelegt worden, um Vor- und Nachteile studieren und vergleichen zu können.

Die Schüttböden (SB) waren einfache Räume mit Holzboden[15] und Holzpfeilern, in denen das Getreide, wie seit Jahrhunderten üblich, lose auf Haufen geschüttet wurde. Um die Böden herum lief ein durch eine Holzwand abgetrennter, ein Meter breiter Gang, durch den die Arbeiter zu den Schüttböden gelangen konnten. Stolz war man auf den Einfall, dass sie sich im Versuchs-Kornhaus durch einziehbare Zwischenwände in bis zu neun Kompartimente aufteilen ließen und so auch kleinere Mengen unterschiedlichen Getreides getrennt voneinander aufbewahrt werden konnten. Jeder Schüttboden konnte 160 Tonnen Korn aufnehmen, zusammen besaßen sie somit ein Fassungsvermögen von 800 Tonnen.

Die insgesamt vier Silos, auch sie ausgeführt von der Firma Dinglinger in Magdeburg, waren jeweils 12 Meter hoch und jedes von ihnen konnte 75 Tonnen Getreide fassen. In der Ausführung waren sie dennoch unterschiedlich: in der Mitte quadratisch und aus bis zu 15 Zentimeter starken Holzbrettern konstruiert (HS), an den Seiten rund und aus dünnem Eisen (ES) – wie die Holzsilos wurden auch ihre Wände nach unten dicker, waren jedoch maximal 4 Millimeter stark. Auch hier diente die Gegenüberstellung zweier Varianten der Ermittlung des überlegenen Systems. Die Silos konnten, um das Korn „umzuarbeiten", das heißt zu lüften und vor Fäulnis zu bewahren, nach unten auf das Siloband in der Arbeitshalle entleert und mit der Förderschnecke und den inneren Becherwerken wieder nach oben befördert werden.

Abb. 11
Verteilerboden im 7. OG

FORSCHUNG IM VERSUCHS-KORNHAUS 1898–1904

Wie baut man ein Kornhaus?

Ein wesentliches Erkenntnisinteresse war es, die beste Bauform und innere Struktur für Kornhäuser zu finden. Das betraf zum einen die Projektierung als zeitgemäßes Kornhaus, zum anderen aber auch die positiven und negativen Erfahrungen im laufenden Betrieb mit dem Gebäude und seiner Ausstattung. Hoffmann selbst konstatierte schon 1902, dass Fehler gemacht worden seien: Die Fenster seien für die notwendige Belüftung zu klein und die Ritzen im Dielenboden böten Lebensraum für allerlei Schädlinge. Wenn der Schiffselevator am oberen Ende verstopft sei, müsse immer ein Arbeiter unter Lebensgefahr dort oben im Freien hinaufklettern und ihn säubern. Aber es überwogen die positiven Erkenntnisse. So war er sich nun beispielsweise sicher, dass Eisensilos jenen aus Holz überlegen waren.[16]

Wie bekämpft man Schädlinge?

Schwarzer Kornkäfer, Maiskäfer, Kornmotte, Getreidemilbe und nicht zuletzt Getreideschmalkäfer – diesen von Landwirten, Mühlenbesitzern und Brauereien gleichermaßen als Feinde betrachteten Tieren sollte das Versuchs-Kornhaus mit seiner Arbeit entschlossen entgegentreten (Abb. 12). Allein schon, um die den Getreidehandel als Grundrauschen begleitenden, juristisch schwierigen Debatten zu beenden, wann und wo die jeweilige Ladung von den Schädlingen befallen worden sei und wer folglich die Haftung für die Schädigung der Ware zu übernehmen habe. Im Versuchs-Kornhaus experimentierte man mit Luftzufuhr und Trocknung. Das half zwar, aber nicht ausreichend. Hoffmann griff auch zu schärferen Mitteln: Schweflige Säure über das Getreide zu leiten, tötete zwar die Käfer ab, vernichtete aber auch die Keimfähigkeit des Korns. Ein für Käfer vermeintlich nicht überschreitbarer Teerstrich am Boden war auch keine richtige Lösung: Der schwarze Rüsselkäfer schaffte die Überquerung, „wenn auch offenbar unter großen Anstrengungen und zum Teil dadurch, dass die steckengebliebenen Käfer als Brücke dienten". Sanfte Naturmethoden mit ätherischen Pflanzenölen aus Nelke oder Fenchel wirkten zwar „auf die Käfer so unangenehm […], dass sie sich sofort tot stellten", aber sobald die Dämpfe weg waren, kamen sie zu Hoffmanns Leidwesen ins Leben zurück. Tatsächlich tödlich wirkten hingegen Eukalyptus, Majoran und Cumin. Als beste Mittel erschienen Hoffmann allerdings die damals neuesten Erzeugnisse der chemischen Industrie: Anilin, namensgebendes Produkt der 1897 gegründeten Badischen Anilin- und Sodafabriken (BASF), töte die Schädlinge ab, ohne die Keimfähigkeit oder den Geschmack des Korns negativ zu beeinflussen.[17]

Wie trocknet man das Korn?

Die Trocknung feuchten Getreides war Hoffmanns zentrales Forschungsvorhaben und er experimentierte im Gebäude mit vielen dafür gedachten Apparaten. Bei der Eröffnung 1898 stand im 4. Obergeschoss (auf dem „Querschnitt durch Putzerei und Schiffselevator" rechts dort zu sehen, vgl. Abb. 6) ein nach seinen Vorstellungen umgebautes Trocknungsgerät, von der Grundform ein dickes, aufrecht stehendes Rohr, in das das Korn von oben eingefüllt und in dessen Kern eine durchlöcherte Leitung mit erhitzter Luft verlief, die so zwischen den Körnern hindurchgeblasen wurde. 1903 wurde die viel größere Maschine nach dem Patent des Ingenieurs Büttner angeschafft, mit der schneller und in größeren Mengen getrocknet werden konnte. Dafür wurde ein eigener Schuppen neben dem Versuchs-Kornhaus errichtet.[18] Triumphierend teilte Hoffmann 1904 mit, er habe nun im Versuchs-Kornhaus die „Möglichkeit der Trocknung großer Getreidemassen bewiesen", womit faktisch eine der größten Herausforderungen der deutschen Getreideproduktion behoben war. 1904 publizierte Hoffmann ein knapp 600 Seiten umfassendes Buch, das als großer Rechenschaftsbericht der innerhalb von fünf Jahren erzielten Ergebnisse gedacht war. Die Publikation war, wie Hoffmann stolz betonte, aufgrund steigenden Umsatzes „im eigenen Verlage" möglich geworden. Als Essenz von fünf Jahren Versuchs-Kornhaus schrieb er darin: „Man müsste das Getreide [zuerst] trocknen und [sodann] in eisernen Siloschächten aufbewahren."[19]

Neben der Forschung wurde das Versuchs-Kornhaus von Beginn an auch kommerziell genutzt (Abb. 13). Sowohl Einlagerung (Mindestmenge 400 Zentner, also 20 Tonnen) als auch Trocknung von Getreide waren im Angebot.[20] Nachdem Hoffmann 1904 die Forschungsagenda abgearbeitet und ein dickes Buch voller Ergebnisse publiziert hatte, fiel dies mit der Überführung der privatwirtschaftlich organisierten Lebensmittelforschung in den universitären Bereich zusammen. Dabei stellte sich schnell die Frage, ob und wie es mit dem Versuchs-Kornhaus weitergehen sollte. Sollte es ein Ort der Wissenschaft bleiben – oder konnte man es in einen normalen, gewinnorientierten Getreidespeicher verwandeln?

VOM VERSUCHS- ZUM KORNHAUS

1906 werden die Forschungseinrichtungen zur Müllerei und zur Bäckerei zur „Versuchsanstalt für Getreideverarbeitung" zusammengeschlossen und – mit wenig Begeisterung – auch das Versuchs-Kornhaus in die neue Anstalt integriert. Auf den ersten Blick erscheint es logisch – so würde wissenschaftlich der Weg des Getreides vom Feld in den Speicher, weiter in die Mühle und bis in die Backstube begleitet und erforscht – und damit auf die Kritik an der mangelnden Entwicklung der Lebensmittelforschung reagiert, wie sie zum Beispiel der berühmte Chemiker Justus von Liebig im 19. Jahrhundert geäußert hat: „Das Bäckereigewerbe ist das einzige unter allen Gewerben, welches seit Jahrtausenden von dem Fortschritte nicht berührt worden ist."[21] Doch der Zusammenschluss der drei Institutionen, der auf dem Papier so sinnvoll ausgesehen haben mag, erwies sich in der Praxis als schwierig. Die Mühlen- und Bäckerei-Forscher konnten mit dem Thema der Getreidelagerung nichts Rechtes anfangen, und planten nun, es vorwiegend kommerziell, als gewöhnlichen Getreidespeicher, zu nutzen. Der neue Geschäftsführer Kühn mühte sich, meldete jedoch in stetem Auf und Ab mal „sehr regen Betrieb", dann wieder eine „sehr ungünstige Geschäftslage".[22] Zudem wurde klar, in welchem Ausmaß das Versuchs-Kornhaus ein Zuschussbetrieb gewesen war: Neben einem „jährlichen Staatszuschuss von 10000 Mark" hatte die Königliche Eisenbahndirektion, auf deren Grund es sich befand, „alle Neuanschaffungen an Maschinen" bezahlt.[23]

Die kommerzielle Nutzung in Eigenregie erwies sich wegen der nach nicht einmal zehn Jahren bereits veralteten Maschinenausstattung als schwierig. So kam man zum Schluss, das Kornhaus nicht weiterzubetreiben und stattdessen zu vermieten – an die Landwirtschaftliche Hauptgenossenschaft, die es ebenfalls als „normales" Kornhaus betreiben wollte. Sie hatte die Mittel zur Modernisierung und, noch wichtiger, zur baulichen Erweiterung, die notwendig für einen gewinnorientierten Betrieb waren.

Die wichtigsten Kornschädlinge.

(Aus: Mikroskopische Betriebskontrolle von Prof. Dr. Paul Lindner, Abteilungsvorsteher am Institut für Gärungsgewerbe. Verlag: Paul Parey, Berlin.)

Der schwarze Kornkäfer (*Calandra* resp. *Sitophilus granaria*).
Links Puppe, in der Mitte der Käfer, beide stark vergrössert. — Rechts Larve und Käfer an Gerstenkörnern, kaum vergrössert.

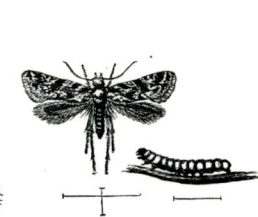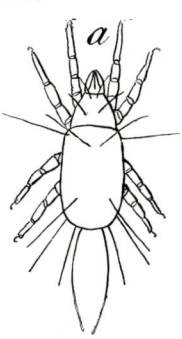

Maiskäfer (*Tribolium ferrugineum*).   Kornmotte (*Tinea granella*).   Getreidemilbe. Ansicht von der Rückenseite (natürl. Grösse etwa $1/2$ mm).

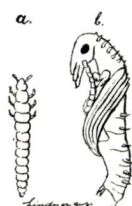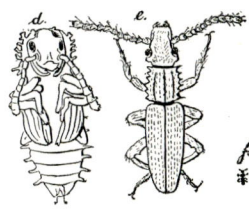

Entwicklung des Getreideschmalkäfers (*Silvanus frumentarius*)
a Larve, *b* bis *d* Puppe von der Seite, von oben und und von unten besehen, *e* ausgebildeter Käfer, *f* derselbe in natürlicher Grösse.

Plan IV.

Versuchs-Kornhaus.

Berlin NW. 40, Haidestrasse.

Auskunfterteilung, Prüfung von Maschinen usw.,
Taxierung
der maschinellen Einrichtung von Kornhäusern,
Begutachtung von Kornhaus-Plänen,
Prüfung von Kostenanschlägen für Kornhauseinrichtungen insbesondere für Trockenanlagen
(auch Kartoffel- und Universaltrockner)
übernimmt das Versuchs-Kornhaus.

Abb. 12
Die Bekämpfung von Kornschädlingen sah Dr. Hoffmann als eine der wichtigsten Aufgaben an.

Abb. 13
Anzeige des Versuchs-Kornhauses, 1904

BETONWABEN UND SILOZELLEN – DIE ERWEITERUNG VON 1910

Für den Neubau holte sich die Landwirtschaftsgenossenschaft Avantgardisten aus zwei Richtungen heran – für die Konstruktion vertraute man auf die Cementbau AG in Hannover, für die innere Konzeption folgte man dem neuen System der „Silozellen" des Ingenieurs Friedrich Krukenbergs.[24]

In der Höhe, Geschossgliederung und Breite schloss der Neubau zwar an den Altbau an (Abb. 14), aber das sichtbare Betonskelett mit seiner in Klinker ausgefachten Wabenstruktur und die modern querrechteckigen Fenster standen in großem Gegensatz zum Erscheinungsbild des Altbaus, der noch in der Tradition der Fabrikarchitektur des 19. Jahrhunderts gebaut worden war. So demonstrierte der zweite Bauteil von 1910 schon nach außen, dass innerhalb von zehn Jahren im industriellen Bauwesen ein tiefgreifender Wandel stattgefunden hatte.

An der Anlieferung hatte sich nichts geändert – sie konnte weiterhin auf drei Seiten per Schiff, Eisenbahn oder von der Straße erfolgen. Auch im Neubau wurde das Erdgeschoss als Arbeitshalle genutzt, und wieder lagen in fünf Etagen darüber Schüttböden. Die horizontalen Transportbänder waren im ganzen Bau entfernt worden, da sie sich als hier unbrauchbar erwiesen hatten. Ankommendes Getreide wurde nun von zwei äußeren Becherwerken direkt nach oben in den 7. Stock gehievt, wo sich auch im Neubau wieder der Verteilungsboden befand. Die Becherwerke bezeichnete man nun mit dem amerikanischen Begriff als „Elevatoren", wobei der Schiffselevator nichts anderes war als das alte Schiffsbecherwerk. Nur der Elevator für die Güterwaggons war neu gebaut worden. Von den Verteilungsböden liefen Fallrohre nach unten, durch das 6. (Zwischen-)Geschoss und weiter in die Schüttboden-Etagen. Durch die Fallrohre waren Alt- und Neubau auch miteinander vernetzt, denn sie erreichten jeweils auch den anderen Bauteil. Die Schüttböden im Neubauteil waren jedoch anders konzipiert als im Altbau: Sie folgten dem System Friedrich Krukenbergs. Er hatte versucht, „eine Art der Lagerung zu finden, die die Vorzüge der Silolagerung mit denen der Bodenlagerung vereinigt, ohne die Nachteile beider zu besitzen". Dazu teilte er die Fußböden in Kammern, sogenannte Silozellen, mit trichterförmigen Böden und verschließbaren Auslässen ein. Wenn man diese öffnete, konnte das Korn von einer Etage in die nächste hinunterrieseln. Allerdings waren weder die Trichterböden noch ihre Ausführung in Beton Krukenbergs Erfindung. Sie waren zuvor schon ähnlich in Kornhäusern in München und Brüx (Böhmen) eingebaut worden.[25] Krukenbergs Erfindung hingegen war es, zusätzlich Fallrohre vom Dachboden durch die Auslässe der Trichter zu führen. Das hatte den entscheidenden Vorteil, dass jede einzelne Silozelle nicht nur vom darüberliegenden Geschoss, sondern auch direkt vom Verteilungsboden mit Korn befüllt werden konnte. Dieses Fallrohrsystem war für die Funktionalität des Speichers genauso wichtig wie die Bodentrichter: denn sonst hätte das Getreide, so Krukenberg, „nur auf den obersten Boden eingelagert und erst dann auf die unteren Böden abgelassen werden [können], wenn aus diesen das dort lagernde Getreide entfernt ist". In einer Schnittzeichnung des erweiterten Versuchs-Kornhauses sind sowohl die zickzackförmigen Trichterböden – in jeder Etage 24 Trichter – als auch die durch alle Geschosse gesteckten Fallrohre deutlich zu erkennen (Abb. 15).

Was das Material für die Ausführung der Trichterböden anging, hatte Krukenberg in seinem 1904 veröffentlichten Buch vorgeschlagen, sie vollständig aus Holz zu konstruieren. Dabei dachte er – damals sparsam, aus heutiger Sicht erstaunlich nachhaltig – bereits an mögliche spätere Umnutzungen der Kornhäuser. Es „könnten dann die trichterförmigen Böden sehr einfach und schnell beseitigt und mit dem vorhandenen Holzmaterial, aus dem die Trichter hergestellt sind, gewöhnliche Fußböden hergestellt werden". Stattdessen wurden die Trichter aus Beton gegossen und sind infolgedessen bis heute vorhanden. Diese Entscheidung ging vermutlich auf den zweiten Beteiligten, die ausführende Cementbau AG zurück. Im zweiten Bauteil, anders als im Altbau, Beton und nicht mehr Holz zu verwenden, hatte seinen Grund in der Angst vor Bränden. Nicht umsonst warb die Cementbau zuallererst damit, ein „Special-Geschäft für feuersichere Baukonstruktionen" zu sein.[26]

Die heute mit den erhaltenen Betontrichtern so kubistisch-expressionistisch wirkenden Räume des zweiten Bauteils waren also das Ergebnis einer funktionalen Gestaltung ohne avantgardistischen Anspruch. Die Zeit der Experimente im Gebäude war zu jener Zeit vorbei, auch wenn der Anspruch, es weiterhin auch für Versuche zu nutzen, offiziell aufrechterhalten wurde.

Im Süden wurde an das eingeschossige Maschinen- und Kesselhaus ein Lagerraum für Melasse in den gleichen Abmessungen hinzugefügt.

Abb. 14
Das erweiterte Gebäude mit dem
Stahlbetonskelett-Anbau, 1910

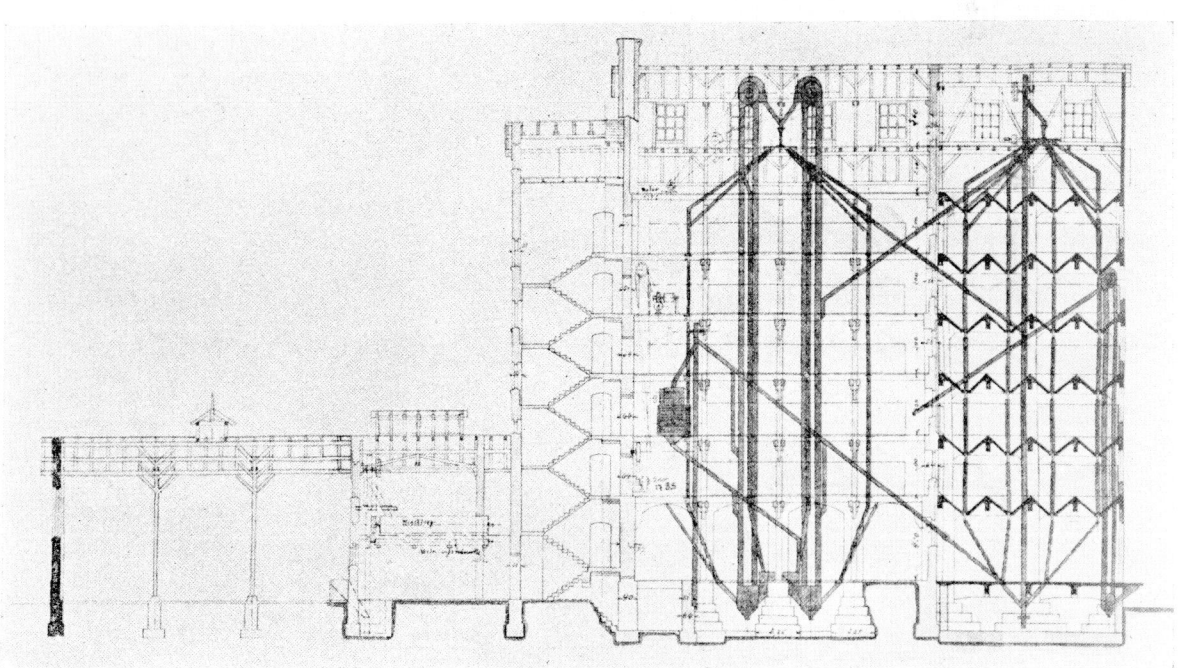

Durchschnitt des Versuchskornhauses parallel der Wasserfront.

Abb. 15
Der 1911 publizierte Aufriss des erweiterten
Gebäudes zeigt das Fallrohrsystem und auch den
südlichen Anbau für die Lagerung von Melasse
(ganz links, nicht erhalten).

BRANDKATASTROPHE 1915 UND WIEDERAUFBAU

Im September 1915 kam es zur Katastrophe: Im Kornhaus brach ein Feuer aus und der Brand richtete große Zerstörungen an. Auch wenn keine Details überliefert sind, welche Teile zerstört wurden, liegt es nahe, dass es der ältere Bauteil mit seinen Holzböden war, der ausbrannte.[27] Unmittelbar nach dem Brand wurde vom Mieter, der Landwirtschaftsgenossenschaft, der Wiederaufbau in Angriff genommen, und das trotz des Ersten Weltkriegs. Statt erneut Holzböden einzubauen, wurde nun auch hier mit Eisenbeton gearbeitet – sicher ist sicher. Und die letzte technische Neuerung zog 1916 ins Haus ein: die sogenannten Wendelrutschen – spiralförmig gedrehte Rutschen zum „Befördern von Säcken, Ballen usw."[28], die nun durch die Geschosse laufend im älteren Bauteil eingebaut wurden (Abb. 16). Erfunden und patentiert 1889 vom Bochumer Metallbauingenieur und Erfinder August Dauber, wurde dieses platzsparende Transportsystem damals in viele Lagerhäuser eingebaut. Die Versuchsanstalt für Getreideverarbeitung, offizieller Eigentümer des Gebäudes, wollte den Brand eigentlich zum Anlass nehmen, das ungeliebte Kornhaus nun endlich loszuwerden, aber entsprechende Anträge beim Preußischen Landwirtschaftsministerium wurden nicht angenommen. Ab dem 1. April 1917 wurde vom Nutzer, der Landwirtschaftsgenossenschaft, wieder die volle Miete gezahlt, der Neuaufbau war also scheinbar abgeschlossen. In den bisherigen Darstellungen zur Baugeschichte haben Brand und Wiederaufbau für Verwirrung gesorgt – so heißt es in der Berliner Denkmaldatenbank, der „gleich hohe Erweiterungstrakt" stamme von 1915, was jedoch lediglich das Jahr des Wiederaufbaus des Altbaus nach dem Brand war.[29]

Nach dem verlorenen Ersten Weltkrieg waren für die Wissenschaft, und damit auch für die Getreideforschung, die guten Jahre vorbei. Die Versuchsanstalt für Getreideverarbeitung, der das Kornhaus immer noch gehörte, geriet in den wirtschaftlichen Strudel der Nachkriegsjahre und musste sich im Jahr 1922 aus Finanznot selbst auflösen. Wie wichtig das Thema der Ernährung war, lässt sich daran ablesen, dass sie im Inflationsjahr 1923 vom preußischen Staat durch Übernahme gerettet wurde. Das Thema der Getreidelagerung wurde nun innerhalb der Einrichtung sogar wieder aufgewertet, indem es neben der Müllerei und Bäckerei wieder einer von drei Institutsbereichen mit eigenem wissenschaftlichem Leiter wurde. Für das Kornhaus scheint dies aber folgenlos geblieben zu sein: Es blieb im Eigentum der Anstalt, wurde aber wohl weiterhin vermietet und nicht mehr für die Forschung genutzt.

NORDHAFENSPEICHER – DAS VERSUCHS-KORNHAUS ALS SPEDITIONSLAGERHAUS 1925–2010

Die wirtschaftlich unsteten Zeiten spiegelten sich im vormaligen Versuchs-Kornhaus in einer zunehmend größeren und diverseren Gruppe von Nutzern. Bereits 1925 war das Gebäude offenbar unter verschiedenen Parteien aufgeteilt und kein Kornspeicher mehr. Unter der damaligen Adresse Heidestr. 21 firmierten beispielsweise die Berliner Kohlenhandelsgesellschaft mbH, die Kalkhandlung E. Lehmann und zwei Speditionsbetriebe.[30] In der Folge wurden Speditionen zum Haupt- und schließlich alleinigen Nutzer des Gebäudes. 1927 wurde es erstmals mit neuem Namen als „Nordhafenspeicher" bezeichnet, ein Begriff, der dann für Jahrzehnte bestehen blieb. Die Speditionsnutzung setzte sich auch in der NS-Zeit fort. Im Krieg blieb das Gebäude anscheinend unbeschädigt, da es unmittelbar nach 1945 wieder genutzt wurde.

Nun geriet das einst so verkehrsgünstig gelegene Gelände ins Abseits. Im nördlichsten Abschnitt des vormaligen Hamburger Güterbahnhofs gelegen, fand sich das eben noch so zentrale Gebäude nun an der Sektorengrenze wieder (Abb. 17). Der Kanal gehörte vollständig zu Mitte und damit zum Ostsektor, das Gebäude wiederum stand in Moabit, das zum Bezirk Tiergarten gehörte, und befand sich somit im britischen Sektor. 1961 wurde auf dem gegenüberliegenden Ufer die Mauer gebaut. Die Nähe zur Grenze war aber nicht nur nachteilig – vielleicht hat sie dazu geführt, dass der vergessene Klinker-Eisenbetonbau nicht abgerissen wurde. Denn das Güterbahnhofsgelände (Abb. 18) lag nicht weit von zwei Straßenübergängen nach Ost-Berlin, die beide allerdings nur von West-Berlinern, nicht von Westdeutschen passiert werden durften: Invalidenstraße und Chausseestraße. Auch ein weiterer, auch für westdeutsche LKW-Fahrer passierbarer Grenzübergang war nicht allzuweit weg – die Bösebrücke in der Bornholmer Straße. Aufgrund dieser für den Ost-West-Handel günstigen Lage siedelten sich immer mehr Speditionen auf dem Gelände an, unmittelbar angrenzend an den Nordhafenspeicher wurden sogar ganze Frachthallen gebaut. In den 1970er Jahren prangte an der Fassade die Firmenaufschrift „Isotherm", was darauf deutet, dass der Speicher als Kühlhaus genutzt wurde. Eigentümer und Vermieter des Gebäudes war nun eine Verwaltungsstelle mit der Bezeichnung „Ehemaliges Reichsbahnvermögen". Einer der letzten Speditionsnutzer war die Firma Hövelmann vom Niederrhein, die den Speicher etwa 1980 als West-Berliner Filiale gemietet hatte und ihn erst nach der Wende zugunsten eines Firmenstandorts in Sachsen-Anhalt aufgab.[31] Danach fiel das einstige Versuchs-Kornhaus in einen Dornröschenschlaf, der bis zur Wiedererweckung ab 2018 durch die Adler Real Estate AG andauerte.

Abb. 16
Anzeige für die nach dem Brand von 1915 eingebauten Wendelrutschen

Abb. 17
Das ehemalige Versuchs-Kornhaus (hinten links), vom Mauerstreifen in Ost-Berlin aus gesehen

Abb. 18
Der noch bis nach der Wende erhaltene Güterbahnhof, im Hintergrund das ehemalige Versuchs-Kornhaus

1 Johann Friedrich Hoffmann (Hg.): *Das Versuchs-Kornhaus und seine wissenschaftlichen Arbeiten. Eine Sammlung von Aufsätzen und Vorträgen,* Berlin 1904, S. 20.
2 Zudem wohnten immer Menschen in Städten und änderten ihre Essgewohnheiten – statt Roggen war nun Weizenbrot gefragt, aber Weizen wurde damals in Deutschland kaum angebaut.
3 Friedrich Hoffmann: „Das Versuchs-Kornhaus zu Berlin", in: *Zeitschrift für Spiritus-Industrie,* Ergänzungsheft I (1899), S. 48–51, hier S. 48.
4 Ich stütze mich hier auf die trotz spröden Titels sehr spannend zu lesende Untersuchung *Im Schatten der chemischen Synthese. Industrielle Biotechnologie in Deutschland (1900–1970)* von Luitgard Marschall, erschienen 2000 im Campus Verlag Frankfurt am Main.
5 August Meitzen: *Der Boden und die landwirtschaftlichen Verhältnisse des Preußischen Staates,* Bd. 8, Berlin 1908, S. 338f.
6 Rudolf Leonhard: *Kornhäuser und Getreidehandel,* München 1906.
7 Thiel war promovierter Agrarwissenschaftler. Er war maßgeblich an der Gründung der Landwirtschaftskammern beteiligt, die die Landwirte durch Zusammenschluss stärken, Weiterbildung fördern und dem Preisverfall nach Abbau der Einfuhrzölle entgegenwirken sollten. Er wirkte auch maßgeblich bei der Gründung der Landwirtschaftlichen Hochschule (1881) mit.
8 Wilhelm Bork, Ingenieur, in den 1860er Jahren Entwerfer von Brücken für die Ringbahn in Berlin, dann lange für die Bahn in Thüringen tätig, seit 1890 Eisenbahndirektor bei der Eisenbahndirektion Berlin, Dezernent für den Lokomotivdienst, die elektrotechnischen Anlagen und die Kleinbahnen. Sowohl als Bauingenieur wie auch als technischer Erfinder hervorgetreten. Bork wurde die Verpflichtung und Ehre zuteil, den Neubau in der für Staatsbauten zuständigen *Zeitschrift für Bauwesen* vorzustellen. Wilhelm Bork: „Versuchs-Kornhaus auf dem Hamburger Bahnhofe in Berlin", in: *Zeitschrift für Bauwesen,* Jg. 1899, S. 238–250. Parallel wurde der Bau im *Atlas der Zeitschrift für Bauwesen,* 49. Jg., 1899, Taf. 29–31, mit drei Plantafeln präsentiert (Grund- und Aufrisse, Maschinendetails).
9 So zeichnete Gestrich als Antragsteller den Entwässerungsplan für das Versuchs-Kornhaus ab, der sich im Landesarchiv Berlin, A Rep. 010-01-03, Nr. 8358, erhalten hat.
10 Hoffmann, geb. 1859, Promotion in Chemie 1889. Von 1890 bis 1898 Assistent in der wissenschaftlich-technischen Abteilung der Versuchs- und Lehranstalt für Brauerei in Berlin. Vgl. *Jahrbuch der Versuchs- und Lehranstalt für Brauerei in Berlin* 1 (1898), S. 3. Ein Jahr nach der Eröffnung publizierte er die erste detaillierte Beschreibung des Versuchs-Kornhauses. Friedrich Hoffmann: „Das Versuchs-Kornhaus", in: *Zeitschrift für Spiritusindustrie,* Ergänzungsheft I, 1899, S. 48–51. 1904 folgte seine umfassendste Veröffentlichung zur Arbeit im Versuchs-Kornhaus (Hoffmann 1904, wie Anm. 1). Mit dem Übergang des Kornhauses an die Versuchsanstalt für Getreideverarbeitung 1906 endete seine dortige Tätigkeit, 1907 wurde er zum Professor ernannt. Er publizierte weiter zu Themen der Getreidelagerung und des Speicherbaus und starb 1917. F. Hayduck (Hg.): *Illustriertes Brauerei-Lexikon,* 2., neubearbeitete Auflage, Berlin 1925, o. P. [Eintrag zu Johann Friedrich Hoffmann].
11 Hoffmann 1899 (wie Anm. 8), S. 48.
12 Der hier abgebildete, mehrfach publizierte Plan stammt aus dem Ergänzungsheft zur *Zeitschrift für Spiritus-Industrie* von 1899 (wie Anm. 3).
13 Abb. aus der *Zeitschrift für Bauwesen* 1899 (wie Anm. 8).
14 Hoffmann 1904 (wie Anm. 1), S. 40.
15 Im 1. Stock war ein „Terrast"-Boden eingebaut worden, mit dem Hoffmann sehr zufrieden war. Dabei handelte es sich um ein Patent von Gustav Lilienthal, dem Bruder des Flugpioniers Otto Lilienthal. Hoffmann 1904 (wie Anm. 1), S. 33.
16 Johann Friedrich Hoffmann: „Erfahrungen beim Betriebe des Versuchs-Kornhauses und anderer Getreidehäuser" [1902], in: Hoffmann 1904 (wie Anm. 1), S. 33–46.
17 Hoffmann 1904 (wie Anm. 1), S. 186.
18 In späteren Unterlagen auch als „Büttnerscher Schuppe" bezeichnet, abgerissen 1907. Vgl. *Protokolle der Sitzungen des Arbeitsausschusses der Versuchsanstalt für Getreideverarbeitung, 1905–1922,* GStA PK I. HA Rep. 164 B Nr. 103, Protokoll der Sitzung vom 9. Februar 1907.
19 Hoffmann 1904 (wie Anm. 1), S. 36.
20 *Geschäftsordnung und Tarif des Versuchs-Kornhauses,* Berlin 1898, Geheimes Staatsarchiv Preußischer Kulturbesitz, I. HA Rep. 164 B, Nr. 102.
21 Hier zit. nach P. F. Pelshenke: „Die Gründungsgeschichte und die Entwicklung der deutschen Versuchs- und Forschungsanstalten für Getreideverarbeitung", in: *Getreide und Mehl,* Heft 4/5, 1957, S. 25–40, hier S. 25.
22 Ebd., Protokolle aus dem Jahr 1907.
23 So die Vorstände der Versuchsanstalt für Getreideverarbeitung, von Hülsen und Schlüter, mit Brief vom 6. Juni 1906 an den Preuß. Landwirtschaftsminister Victor von Podbielski. Geheimes Staatsarchiv Preußischer Kulturbesitz, I. HA Rep. 164 B, Nr. 102.
24 Johannes Buchwald / Max Paul Neumann: *Die Versuchsanstalt für Getreideverarbeitung. Erster Sammelbericht: Arbeiten aus den Jahren 1907 bis 1910,* Berlin 1911, S. 283–288.
25 Wie Krukenberg berichtet, wurde der Haferspeicher des Königlichen Proviantamtes in München „vor mehr als 10 Jahren […] mit übereinanderliegenden Lagerböden errichtet, die aus einzelnen aneinandergereihten Trichtern aus Blech bzw. Beton bestanden". In Brüx (heute Most, Tschechien) fanden sich die Trichterböden in einem von der Landwirtschaftsgenossenschaft gebauten Lagerhaus, wo sie „in neuester Zeit" (also etwa 1902 oder 1903) eingebaut worden seien. Friedrich Krukenberg: *Über den Bau und die maschinelle Einrichtung der Kornhäuser,* Darmstadt 1904, S. 51.
26 So der Werbespruch der Firma auf einem Werbeprospekt vom Beginn des 20. Jahrhunderts, der im Dezember 2023 auf ebay antiquarisch angeboten wurde. Eine Warnung war sicher der Brand des Viktoriaspeichers in Kreuzberg im Jahr 1907 gewesen, der 1910/11 vom Architekten Franz Ahrens ebenfalls als brandsicherer Stahlbetonbau wieder aufgebaut wurde.
27 Aus der Publikation von 1911 geht hervor, dass der ältere Teil bei der Errichtung des zweiten Bauteils unverändert erhalten blieb. Buchwald/Neumann 1911 (wie Anm. 24).
28 So die Formulierung in der Werbeanzeige des führenden Produzenten, der Metallbaufirma Dinnendahl in Essen-Steele, die in Hoffmanns Buch von 1916 im Anhang abgedruckt wurde. Johann Friedrich Hoffmann: *Das Getreidekorn,* Bd. 2, Berlin 1916, Anhang.
29 https://denkmaldatenbank.berlin.de/daobj.php?obj_dok_nr=09050425 (letzter Aufruf: 1.12.2023).
30 Vgl. hierzu die Berliner Adressbücher, wie sie bei der ZLB online einsehbar sind.
31 Telefonat mit dem Seniorchef Wilhelm Hövelmann im Oktober 2023.

SANIERUNG UND TRANSFORMATION
AFF ARCHITEKTEN

DER VORGEFUNDENE ZUSTAND

Etwa seit den späten 1920er Jahren war das einstige Versuchs-Kornhaus von verschiedenen Firmen gewerblich genutzt worden – von der Spedition über den Flaschengroßhandel bis hin zum Altpapierverwerter. Ab 2000 hatte der Bau zunehmend leer gestanden. Als wir 2017 mit den Vorbereitungen für den Umbau begannen, waren verschiedene Bereiche des Gebäudes stark sanierungsbedürftig. Der provisorische Dachaufbau in einfacher Holzkonstruktion mit Trapezblechdeckung musste komplett ersetzt werden. Zudem war die gesamte Fassade angegriffen: Nicht nur einige der Klinkersteine waren beschädigt, sondern auch das sichtbare Betonskelett war durch die Witterung stark beansprucht. Die historischen Stahlbetondecken und -pfeiler im Inneren waren in schlechtem Zustand: Die Eisenbewehrungen waren korrodiert und mit einer zu dünnen Betonschicht überdeckt, die deshalb an vielen Stellen abgeplatzt war. Ein weiteres Problem waren die teilweise zu geringen Raumhöhen: Während sie im ersten Bauteil von 1897/98 ausreichen, ragten im zweiten Bauteil von 1910 die trichterförmigen Betonschütten so tief von der Decke herab, dass es an den entsprechenden Stellen nicht einmal möglich war, aufrecht zu stehen. Hinzu kam eine ungünstige Belichtung. Die Fenster waren zu klein und an der nördlichen Giebelwand waren sie zu unbekanntem Zeitpunkt vermauert worden. Zudem fehlte eine barrierefreie Erschließung. Erforderlich waren also eine Komplettsanierung und eine energetische Ertüchtigung. Über eine Sequenz raumbildender Interventionen, welche behutsam im Einklang mit dem denkmalgeschützten Gebäude entwickelt wurden, konnte das Gebäude in eine zeitgemäße Nutzung überführt werden.

INTERVENTION 1: AUFSTOCKUNG

Durch eine markante Dachaufstockung haben wir das Gebäude in seiner Kubatur und städtebaulichen Präsenz gestärkt. Dabei rekurrieren wir auf die Geschichte des Bauwerks. Dieses besaß ursprünglich ein siebtes, schmaleres Geschoss mit Laternendach. Nachdem wir dies auf historischen Plänen und Aufnahmen entdeckt hatten, fand unser Entwurf einer Aufstockung auch denkmalpflegerische Zustimmung. Der neue Aufbau ist an die ursprüngliche Form des siebten Geschosses angelehnt und nimmt dessen einstige Firsthöhe wieder auf. Zwei die Längsseiten flankierende Dachterrassen ermöglichen den geschützten Aufenthalt unter freiem Himmel und bieten einen imposanten Ausblick auf die Stadt, das Wasser und die Europacity. Die massiv gemauerte Klinkerfassade des historischen Bauwerks wird im wiederhergestellten Dachgeschossaufbau im gleichen Mauerwerksverband weitergeführt. Dies folgt dem Entwurfsansatz, die neuen Elemente behutsam mit dem Altbau zu verbinden statt Kontraste zu inszenieren. Zugleich zeigt die gemauerte Brüstung, wie man dem traditionellen Baumaterial Klinker neue, zeitgenössische Formen abgewinnen kann: Rücksprünge und Aussparungen im Mauerwerk erzeugen ein Relief mit ornamentaler Fügung.

INTERVENTION 2: FASSADENSANIERUNG UND ÖFFNUNG

Die historische Klinkerfassade wurde aufgearbeitet, gereinigt und an wenigen Fehlstellen ergänzt. Die Außenwände wurden von innen mit Calcium-Silikatplatten gedämmt und die Speicherfenster in enger Abstimmung mit der Denkmalpflege aufgearbeitet beziehungsweise nach historischem Vorbild ersetzt. Die sichtbare äußere Betontragstruktur wurde aufwendig saniert. Dabei war es erforderlich, die bestehenden Klinkerausfachungen und Speicherfenster zurückzubauen, aufzuarbeiten und wiederzuverwenden. Um die Räume besser mit Licht zu versorgen, wurde rund ein Drittel der Ausfachungen durch großformatige, absturzsichere Verglasungen ersetzt. Auf der bislang geschlossenen nördlichen Stirnseite kamen außerdem fünf axial versetzte und über die Geschosse verteilte Austritte hinzu.

INTERVENTION 3: NEUE RÄUME MIT SCHÜTTENDECKEN UND GALERIEN

In jedem zweiten Geschoss des nördlichen Bauteils von 1910 wurde ein Teil der vorhandenen Decken herausgeschnitten, da hier die erforderliche lichte Höhe für eine neue Nutzung nicht gegeben war. Diese konstruktiven Eingriffe schaffen neue, großzügige Räume. Es entsteht eine eindrucksvolle Untersicht auf die trichterförmigen Volumina der Schüttendecken, die nun als formprägende Elemente erlebbar werden. In die neu konfigurierten Räume haben wir Galerieebenen als Stahlkonstruktionen eingezogen, die sie strukturieren und Arbeitsbereiche auf zwei Ebenen bieten.

INTERVENTION 4: ZENTRALE ERSCHLIESSUNGSACHSE

In der nördlichen Achse des Bauteils von 1897/98 und somit an der Nahtstelle der beiden historischen Gebäudeabschnitte haben wir im Inneren einen neuen Erschließungskern angelegt. Dieser birgt ein zweites Treppenhaus, den zentralen Aufzug und in jeder Etage Sanitärbereiche. In jedem zweiten Geschoss sind die Ebenen beider Bauteile miteinander verbunden. Alle neuen Elemente wie etwa die Treppe sind in Sichtbeton ausgeführt, welcher im Erdgeschoss und in der obersten Etage durch eine verspringende Brettschalung gestaltet ist. Die dadurch geschaffene ornamentale Struktur nimmt die Klinker-Fassadenprofilierung der neuen Aufstockung auf.

DER SPRUNG INS UNGEWISSE
SVEN-CHRISTIAN FRANK, CHIEF LEGAL OFFICER UND MITGLIED DES SENIOR MANAGEMENT TEAMS DER ADLER GROUP

Als wir den denkmalgeschützten Kornversuchsspeicher 2017 erworben haben, hatten wir zunächst nur eine diffuse Vorstellung davon, was mit der Sanierung auf uns zukommen würde. Da ging es uns wahrscheinlich so wie allen Bauherren, die sich an eine denkmalgeschützte Immobilie wagen, deren wahrer Zustand sich erst dann offenbart, wenn man mit den Arbeiten beginnt. Und deren genaue Verwendung überdies auch noch nicht konkret definiert war.

Aber wir waren glücklich, dieses industrie- und kulturhistorisch bedeutsame Gebäude in unserer Obhut zu wissen. Mit ebenso großer Begeisterung wie Zuversicht haben wir dann an Visionen, Ideen und Plänen gearbeitet, ihm zu einem neuen, seiner Bedeutung und – ja, sagen wir es ruhig – seiner Schönheit angemessenen Leben zu verhelfen.

Wir hatten den Kornversuchsspeicher – oder KVS, wie wir ihn liebevoll nannten und immer noch nennen – als Teil der „Wasserstadt Mitte" erworben, ein Projekt für die Errichtung von gut 700 Einheiten und mehr als 5000 Quadratmetern Büro- und Gewerbeflächen in der neu entstehenden Europacity in der Mitte Berlins. Dort, wo vor 30 Jahren noch eine Mauer nicht nur die Stadt, sondern gleich zwei Welten trennte. Der Neubau war bereits im Gange, da wir das Projekt mitten in der Bauphase übernommen hatten. Und er hatte natürlich auch Vorrang, weil er die Basis für die zukünftigen Mieteinnahmen schaffte, auf die ja jeder Bauherr angewiesen ist.

Während der Bau des neuen Wohnquartiers mit Volldampf voranging, rauchten in Bezug auf den KVS zunächst nur unsere Köpfe. Der Kornversuchsspeicher, das war klar, war das Wahrzeichen der „Wasserstadt Mitte". Er überragte alle anderen Gebäude, war von fast überall sichtbar und gab mit seiner Ziegelsteinfassade und den Betonstreben zudem auch die architektonischen Leitlinien für den Neubau vor. Wie also aus dem Wahrzeichen auch ein Leuchtturmprojekt machen? Am besten, so dachten wir, indem wir den KVS als einen Ort der Begegnung und des Austausches interpretieren, ihn zu einem Treffpunkt für die zukünftigen Bewohner des Quartiers machen, zu einem Mittelpunkt des kulturellen Geschehens.

Ob und wie das funktionieren könnte, haben wir dann 2018 mit einer Reihe von Veranstaltungen in dem unsanierten, aber natürlich entsprechend gesicherten Gebäude ausprobiert. Da zog plötzlich buntes Leben in die unverputzten Wände ein. Wer wollte, konnte sich hier die Ausstellung der architektonischen Entwürfe für die „Wasserstadt Mitte" ansehen. Auf provisorische Sitzgelegenheiten waren diejenigen angewiesen, die sich an den Podiumsdiskussionen zu aktuellen Themen der Stadtentwicklung beteiligten – Themen, die wie maßgeschneidert wirkten für eine Immobilie, die deutlich sichtbar einen Teil der Stadthistorie verkörpert, aber eben auch das noch ungehobene Potenzial in sich trug, diese Geschichte in Zukunft wieder maßgeblich mitzuprägen.

Die Kulturszene gab sich die Klinke der Baustellentür in die Hand, Ausstellungen, Konzerte, Preisverleihungen, Benefizveranstaltungen – im Reigen der unterschiedlichen Aktivitäten war immer wieder zu spüren, dass der Kornversuchsspeicher die Menschen in seinen Bann zog. Dieses Industriedenkmal regte die Fantasie an, seine innere Ordnung mit den noch sichtbaren Trichteranlagen barg ein Geheimnis, das unmittelbar zu fühlen, gleichwohl schwer zu ergründen war. Aber kaum ein Besucher konnte sich diesem besonderen Geist des Gebäudes entziehen.

Die Erfahrungen aus dieser Zeit der Events ließen bei uns die Überzeugung wachsen, dass die funktionale Architektur des Kornversuchsspeichers weit über sich selbst hinausragt. Hier haben sich Wissen, Willen und Mühen früherer Menschen eingraviert. Ziegel, Stahl und Beton sind hier nicht einfach nur Material. Sie sprechen von dem Aufwand, der damals nötig war, um die Verluste bei der Getreidelagerung zu verringern und so die wachsende Bevölkerung Berlins effektiver mit Getreide versorgen zu können. Der KVS ist voll von Geschichte, hat sich aber gleichzeitig mit seiner Erzählung vom Alltag seine eigene Ästhetik geschaffen – etwas, das an Kunst erinnert, auch wenn es keinen einzigen Künstler gibt, der das Werk geschaffen hat.

Kurzum: Wir waren uns einig, dass dieses Gebäude etwas Besonderes ist und dass es möglichst vielen Menschen zugänglich bleiben sollte. Unsere Ausgangsidee war also richtig. Und nach den vielen fantastischen Events waren auch wir dem künstlerischen Impuls erlegen und kamen daher auf die Idee, hier ein Museum zu errichten. Es lag ja in gewisser Weise auch nahe, einen Bogen von Kunst, Kultur und Dialog vom nicht weit entfernten Hamburger Bahnhof quer durch das gesamte neue Viertel bis hin zum Kornversuchsspeicher zu spannen und möglicherweise auch die Zwischenstrecke mit Objekten öffentlicher Kunst zu schmücken. So dachten wir und gaben also eine Studie für eine Museum in Auftrag.

Einige Mitglieder unseres damaligen Vorstands konnten sich sogar vorstellen, ein Unternehmensmuseum zu errichten. Schließlich ist die Adler Group Rechtsnachfolgerin der 1880 gegründeten Adlerwerke. Und die hatten sich im Laufe ihrer Geschichte durch hochwertige Produkte ausgezeichnet, zunächst Fahrräder gebaut, dann in den 1930er Jahren des letzten Jahrhunderts wunderbare Autos, nach dem Zweiten Weltkrieg sich auf Motorräder verlegt und später auf Schreibmaschinen.

Aber, auch das gehört zur Entwicklung vieler Pläne: Aus manchen wird eben nichts. So auch aus diesem. Denn alle Kalkulationen liefen auf dasselbe Ergebnis heraus. Ein Museum ist ein Zuschussgeschäft. Ohne massive öffentliche Förderung ist es kaum so zu betreiben, dass es auch nur annähernd die laufenden Kosten deckt. Das Spannungsfeld von künstlerischem Traum, wirtschaftlicher Notwendigkeit und unserer eigenen unternehmerischen Verantwortung hatte uns eingeholt und leider auch etwas ernüchtert.

Also haben wir unsere Pläne im Sinne wirtschaftlichen Kalküls angepasst. Im überwiegenden Teil des Kornversuchsspeichers werden jetzt Büros einziehen. Im Erdgeschoss hingegen halten wir an unserer ursprünglichen Vision fest. Hier soll Platz bleiben für gemeinschaftliches Erleben, für Veranstaltungen, für kulturelle Aktivitäten unterschiedlicher Art. Im Umfang haben wir also unsere anfänglichen Überlegungen im Kompromiss mit anderen Anforderungen reduziert, im Kern aber haben wir sie aufrechterhalten.

Unabhängig von der letztendlichen Nutzung des Gebäudes sind wir mächtig stolz darauf, das Projekt Kornversuchsspeicher, dieses wunderbare Bauwerk, nach gut fünf Jahren Bauzeit 2023 vollendet zu haben. Gegen alle Widrigkeiten, die eine Sanierung zwangsläufig mit sich bringt. Gegen die täglichen kleinen Rückschläge, wenn um Genehmigungen gekämpft werden muss, wenn Lösungen für unvorhergesehene Probleme in der Statik oder der Konstruktion nötig sind und dergleichen mehr. Gegen alle Widrigkeiten, aber mit einem enormen, nie erlahmenden Durchhaltewillen. Mit Sinn für die historischen Gegebenheiten, die heute am und im Gebäude den Blick auf sich ziehen. Unter weitestgehender Berücksichtigung aller Ansprüche an Nachhaltigkeit, der Ressourcenschonung und der Wiederverwendung vorhandener Materialien. Und nicht zuletzt mit einem intuitiven Gespür für Form, Proportion und Schönheit.

Dafür möchten wir an dieser Stelle allen ganz herzlich danken, die über die Jahre hinweg daran beteiligt waren und mit Tatkraft und Zähigkeit, Einfallsreichtum und Einfühlungsvermögen ein architektonisches Juwel geschaffen haben. Sie haben damit der Europacity eine ästhetische Leitlinie gegeben und ein einzigartiges Wahrzeichen erschaffen. Die Stationen des Weges sind dankenswerterweise in diesem Bildband eingefangen, der in seiner Außergewöhnlichkeit bestens zu unserem Objekt passt. Schließlich kommt es nicht allzu häufig vor, dass das Werden eines Gebäudes in einer Fotodokumentation festgehalten und dadurch eine architektonische Bilderzählung geschaffen wird, die die Leidenschaft des Bauherrn für das Projekt genauso erkennen lässt wie die des Fotografen. Wir hoffen, dass sich darüber noch viele zukünftige Generationen freuen werden.

IMPRESSUM

© 2024 by jovis Verlag
Ein Verlag der Walter de Gruyter GmbH, Berlin/Boston
Das Copyright für die Texte liegt bei den AutorInnen.
Das Copyright für die Abbildungen liegt bei den FotografInnen/
InhaberInnen der Bildrechte.

Alle Rechte vorbehalten.

Textredaktion: H von G/Katrin und
Hans Georg Hiller von Gaertringen
Lektorat und Korrektorat: Miriam Seifert-Waibel
Projektmanagement jovis: Charlotte Blumenthal
Produktion: Susanne Rösler
Gestaltung und Satz: Marc Naroska
Lithografie: Harf Zimmermann
Gedruckt in der Europäischen Union

Bibliografische Information der Deutschen Nationalbibliothek
Die Deutsche Nationalbibliothek verzeichnet diese Publikation in
der Deutschen Nationalbibliografie; detaillierte bibliografische
Daten sind im Internet über http://dnb.d-nb.de abrufbar.

jovis Verlag
Genthiner Straße 13
10785 Berlin

www.jovis.de

jovis-Bücher sind weltweit im ausgewählten Buchhandel erhältlich.
Informationen zu unserem internationalen Vertrieb erhalten Sie in
Ihrer Buchhandlung oder unter www.jovis.de.

ISBN 978-3-98612-096-2

UNSER BESONDERER DANK GILT

Thomas Bergander, CEO Taurecon GmbH, für die großzügige Unterstützung und Finanzierung des Projekts
Sven-Christian Frank, CLO Adler Group SA
Jörg Richter, Technischer Niederlassungsleiter der Zechbau SE
Jan Schieber und Markus Krumbacher, Bauleiter der Zechbau SE, für den stets reibungslosen Zugang zur Baustelle
Dorothee Wetzler-Stöbe für die ideenreiche Vernetzung der Handelnden
Ulrike Dix und Daniela Ruß, AFF Architekten,
Heide Siegmund-Schultze für Auskünfte zu Sanierung und Umbau
Michaela Knör, Axel-Simon-Bibliothek, Berlin
Wilhelm Hövelmann, Hövelmann Logistik, Rees

ABBILDUNGSNACHWEIS ZUM HISTORISCHEN ESSAY „BECHERWERKE, TRICHTERBÖDEN UND 79 GLÜHBIRNEN" (S. 109–124)

Abb. 1: J. F. Hoffmann: *Das Getreidekorn,* Berlin 1916, Bd. 2, S. 360; Abb. 2: *Illustriertes Brauerei-Lexikon,* Bd. 1, Berlin 1925, o.P.; Abb. 3: Axel-Simon-Bibliothek, Berlin; Abb. 4: Landesarchiv Berlin; Abb. 5: *Atlas der Zeitschrift für Bauwesen,* 1899, Bl. 29; Abb. 6: Beilage zur *Zeitschrift für Spiritusindustrie,* 1898; Abb. 7: wikimedia commons [gemeinfrei]; Abb. 8: *Zeitschrift für Bauwesen,* Jg. 1899, S. 240; Abb. 9: www.hennef.de; Abb. 10: wikimedia commons [gemeinfrei]; Abb. 11: *Zeitschrift für Bauwesen,* Jg. 1899, S. 242; Abb. 12: J. F. Hoffmann: *Das Versuchs-Kornhaus,* Berlin 1904, Bildtafel zu S. 198; Abb. 13: Ebd., S. 595; Abb. 14: J. Buchwald / M. P. Neumann: *Die Versuchsanstalt für Getreideverarbeitung, Erster Sammelbericht,* Berlin 1911, S. 284; Abb. 15: Ebd., S. 286; Abb. 16: J. F. Hoffmann: *Das Getreidekorn,* Berlin 1916; Abb. 17: Privatarchiv; Abb. 18: akg-images / Björn Albert (1992).